JN092783

簿記入門

齋藤正章

装丁・ブックデザイン：畑中　猛
o-19

まえがき

簿記・会計は経済社会のインフラと言えます。例えば，私たちの生活では，スイッチを押せば電気が点き，蛇口をひねれば水が出ます。それが当たり前になっているので，電気が点く仕組みや水が出る仕組みに日頃から思いをめぐらすことはありません。しかし，送電線が切れたり，水道管が破裂したりして電気がつかなかったり水が出ないと非常に困ります。そのとき改めて電気や水のありがたさを感じ，「なぜそうなったのか」「再発しないように」と取組みを開始します。

簿記・会計も同じで，会社のなかでそれが働いているのが当たり前で，会計関係者以外はその仕組みについて特に考えることはないでしょう。しかし，一旦問題や不祥事が起きると「会計は何をやっていたのだ」とお叱りを受けるわけです。

したがって，簿記・会計は，経営の表面には出てこない縁の下の力持ち的な存在とも言えます。目立ちませんが，簿記・会計がなくては経営は成り立ちません。

そんな目立たない簿記に注目を寄せていた東西の偉人がおります。1人はドイツの文豪ゲーテで，『ヴィルヘルム・マイステルの徒弟時代』の中で登場人物に次のように語らせています。

「複式簿記といふものがどんなに商人に利益を與へるか知ってゐるかい！これこそ人間精神のもつとも立破な發明の一つだ，これにはあらゆる優良な主人が自分の家政に持ち込むべきものだ」（小宮豊隆訳）

もう1人は，わが国の福沢諭吉翁で，『帳合之法』で次のように述べています。

「帳合ノ法ヲ學ハシメナバ始メテ西洋實學ノ實タル所以ヲ知リ學者モ

自カラ自身ノ愚ナルニ驚キ金持モ自ラ自身ノ賤シカラザルヲ悟リ相共ニ實學ニ勉強シテ學者モ金持トナリ金持モ學者ト為リテ天下ノ経済更ニ一面目ヲ改メ全國ノ力ヲ増スニ至ラン」

社会の隅々にまで透徹した視線を配することができるのが偉人の偉人たる所以でしょう。

さて，皆さんがこの地味な簿記から何を感じ取るかは，これからの皆さんの学習如何に委ねられています。

簿記学習の特徴は螺旋階段を上るのに例えられます。同じところをグルグルと回りながら高みへと上っていくのです。

さあ，まずは経験です。筆記用具と電卓を持って例題や練習問題に取り組んでみてください。

2022年 2 月

齋 藤 正 章

目次

1　簿記の意義と目的

齋藤正章

《目標＆ポイント》 簿記の意義や目的について理解しましょう。また，簿記の特徴や歴史についても学習します。
《キーワード》 帳簿記入，複式簿記，資本の循環過程，貸借対照表，損益計算書，期間計算，勘定計算，スンマ，帳合之法

1．簿記の意義

簿記という用語は一般に「帳簿記入」とか「帳簿記録」の略語であるといわれています。または，簿記の原語であるbookkeepingが縮まって「ボキ」になったという説もあります。簿記は主に営利活動を目的とした企業で活用されています。さらに，官公庁や学校，医療法人といった非営利法人にも帳簿記録が必要とされています。その理由は，次に述べる簿記の目的と密接に関連しています。

2．簿記の目的

簿記は，**貸借対照表**と**損益計算書**の作成を目的としています。ここで，貸借対照表とは一定時点の財政状態を表す計算書をいい，損益計算書は一定期間の経営成績を表す計算書をいいます。それではなぜ，この2つの計算書が作成されるのでしょうか。

まず第一の目的として，合理的な経済活動の支援があげられます。簿記の手続によって経済活動を網羅的に記録・計算し，把握することに

よって，無駄を発見し，効率的な活動が可能となります。

経済活動全般にわたる取引データを把握する場合，これを暗記に頼ったり，部分的なメモや断片的な演算の積み重ねしか行われないとすると，取りこぼしや計算ミスが生じてしまい，役に立つどころか誤った意思決定をもたらしかねません。

歴史をさかのぼってみても，近代的な会社は帳簿とともに出現したといっても過言ではありません。簿記の発祥の地であり，『ベニスの商人』の舞台にもなった中世のイタリアでは，14世紀初頭までは多くの商人は大雑把な勘定しかつけていませんでした。やがて先駆的な商人が複式簿記を利用しはじめ，経済活動を網羅的に記録することに成功しだします。その結果，飛躍的に商売を成功させる者がつぎつぎと登場し，「商人の手は常にインクで汚れているべきだ」と言われるようにまでなります。その頃，一代で莫大な財を成した商人でフランチェスコ・ディ・マルコ・ダティーニという人がおりますが，彼は生涯で500冊もの帳簿を残しています。その帳簿のいずれもが上等な革張りという立派な装丁で，内部の文字も整然と記入されており，その頃からいかに簿記が重要視されていたかを窺い知ることができます。以来，経済活動を合理的に運営していく手段として簿記は欠かせないものとなっています。

第二の目的として，受託された財産の管理責任の遂行を説明するための手段としての役立ちがあげられます。ある経済主体が自己の財産の管理，運用を別の経済主体に委ねるという状況が，古今東西，存在しています。たとえば，平安時代の領主と小作農の関係，あるいは近代社会では，所有と経営が分離した大規模な株式会社における株主と経営者の間の関係，また，納税者と行政府の関係にも財産の委託・受託関係をみることができます。

ところで，こうした財産の委託・受託関係のなかで，受託者は常に委託者の利益の最大化のために行動するという保証はありません。むしろ，受託者たちは委託された財産を大なり小なり自分の利益のために利用しようとする誘惑にかられる可能性が絶えずあります。この誘惑にかられて委託者の利益を犠牲にする行動は，一般にモラル・ハザードと呼ばれています。このモラル・ハザードを監視するために委託者は受託者に会計報告，いうなれば情報開示を義務付けますが，この会計報告の基礎資料を作成するのが簿記なのです。

受託者が委託・受託関係によって生じる受託財産の管理・運用に関する**説明責任**（**アカウンタビリティ**）を履行する手段としての簿記（ひいては会計）の役割は，その本源的機能にとどまらないで，今日，社会のさまざまな分野でその重要性が再認識されつつあります。

たとえば，企業が消費者を欺こうとする偽装表示の問題では会計情報にとどまらない企業の説明責任が高まっています。さらに，近年相次いで発覚している中央官庁や地方自治体における公費の不正使用等を契機として，行財政情報の公開や地方自治体財政の報告と監査のあり方が問われ，こうした行政府における情報公開の重要性が高まるにつれ，会計報告のあり方や重要性も再認識されています。

最後に，第三の目的として，企業財産の配分に関する利害関係者への情報提供があげられます。貸借対照表と損益計算書から企業財産に対する請求権や従業員に対する給料，債権者に支払われる利息，株主に支払われる配当，経営者に対する賞与，国・地方自治体に対する税金といった内容が計算され記録されています。

さらに，官公庁における国の決算書も各省庁に対する国家資金の配分と運用についての会計情報を提供する書類であるといえます。

このように，簿記には利害関係者間における財産の配分を計算する役割があります。

これら３つの目的を果たすために貸借対照表と損益計算書が必要不可欠であり，この貸借対照表と損益計算書を作成するために簿記が必要とされるのです。

3．簿記の種類と特徴

（１）複式簿記と単式簿記

簿記は記帳原理の相違によって，複式簿記と単式簿記に分けることができます。

①　複式簿記

複式簿記は，複式記入（二面的記入または両面記入）という記帳原理をもつ簿記をいいます。複式簿記の特徴は，記帳者自身が記帳結果の成否を確認することができるという自己検証手段を備えている点にあります。

②　単式簿記

単式簿記は，特に記帳原理をもたない簿記で，家計簿や小遣帳のように現金の出入りといった記録がされるだけで，財産全部にわたって網羅的に記録されることはありません。また，収益および費用に関する記録は行われないので，帳簿記録から損益計算書を作成することができません。

したがって，単式簿記では前述の簿記の目的が果たせないことが多いので，通常「簿記」という場合は複式簿記を指します。

（２）商業簿記，工業簿記，銀行簿記

簿記は，それが適用される業種の相違によって，主に商業簿記，工業簿記，銀行簿記とに分けられます。

①　商業簿記

商業簿記は，商品売買業に適用される簿記で，最も広く利用されている簿記であるといえます。本書はこの商業簿記を対象としています。

②　工業簿記

工業簿記は，製造業（メーカー）に適用される簿記です。製造業は設備，資材や原材料，労働力といった経営資源を外部から獲得し，内部で製品を製造し，また外部へと供給することを目的とする企業であります。したがって，工業簿記の記帳領域は外部との取引関係を処理する営業簿記の領域と，内部の製造活動を処理する経営簿記の２つの領域を含んでいるといえますが，その中心となるのは経営簿記の領域になります。

③　銀行簿記

銀行簿記は，銀行業に適用される簿記をいいます。わが国の銀行簿記は，1873(明治６)年12月に刊行された後述の『銀行簿記精法』で述べられた記帳法が今日まで継承されています。銀行簿記の特徴は，商業簿記とは著しい相違があること，また銀行法施行規則によって，勘定科目や財務諸表の様式が規制されている点にあります。

(３) 簿記の特徴

簿記は計算上，いくつかの特徴を備えています。

①　貨幣価値計算

経営活動を０～９までの数字の組合せによる金額で表現することで，複雑な企業活動を俯瞰的に捉えることが可能になります。

経営活動において，はじめに投下された資本（具体的には貨幣）は，まず商品という資産へと転化し，次に売掛金や受取手形という資産へ転化し，最終的には投下資本よりも多額の貨幣で回収されます。これを**資**

図１－１　資本の循環過程

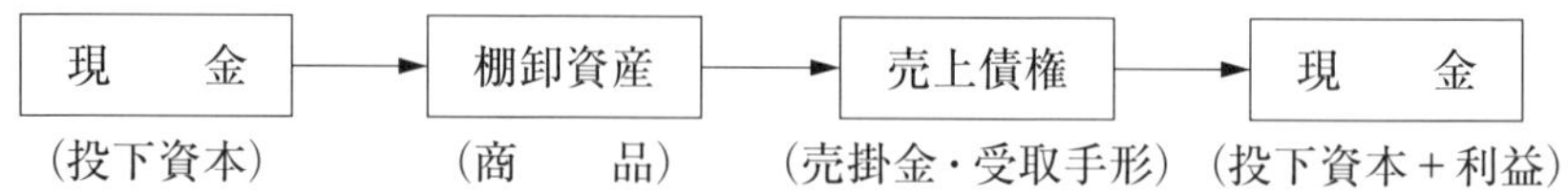

本の循環過程といい，営業活動そのものを表しています。この循環過程にある資産は，いずれも種類，性質，形状を異にしていて千差万別です。

これらの資産を一括して，その全体を把握しようとすると，質的に相違するこれらの資産を量的な相違へと転換することが必要になってきます。簿記では資産を貨幣価値で表現することによってこの転換を可能にしています。このように貨幣価値によって資産の一括的把握を行うことを貨幣価値計算といいます。循環過程における資本の変動を正確に記録・計算して，企業の経営成果を明らかにするためには貨幣価値計算によらなければなりません。

②　期間計算

中世の冒険的組合売買業にみられたように一航海が一事業であるような場合，投下された資本が循環過程をたどって，それが一循環を完了したときに，そこで実現された損益を算定することが可能であり，合理的でもありました。しかし，今日のように企業経営が複雑化すると，資本の循環過程も多様化，複雑化するために，個々の資本の循環過程の完了をもって企業成果を把握することは困難となります。したがって，人為的に一定期間を設けて期間的に企業の成果を算定することになります。これを期間計算といいます。

図１－２　会計期間

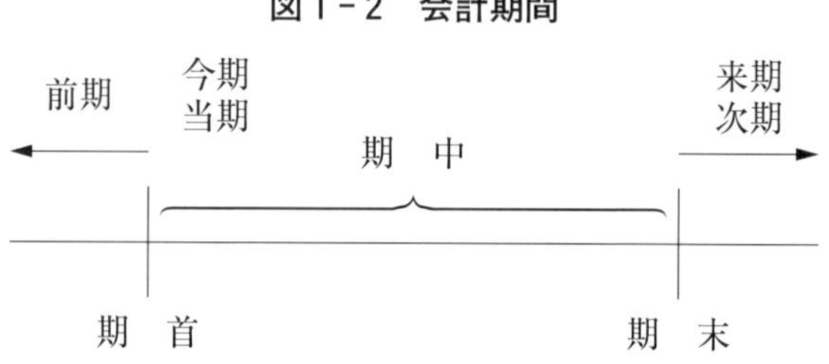

会計期間の長さは通常１年が採用されますが，半期や四半期，あるいは月次で企業成果を算定する企業も少なくありません。また，法律上，会計期間は１年を超えることができません。なお，会計期間の始まりの日を**期首**，終わりの日を**期末**（または**決算日**），期首から期末までの期間を**期中**といいます。

③　勘定計算

簿記では，循環過程における資本の変動を，**勘定**（account）という計算形式を用いて記録・計算します。これを勘定計算といいます。勘定計算は複式記入の記帳原理に則って記録・計算されますが，その詳細については第３章で説明します。

④　後計算

簿記では，循環過程における資本の変動を，事実に基づいて記録・計算します。したがって，これを後計算（あとけいさん）または事後計算と呼びます。

事実に基づいて記録・計算するといっても，必ずしも事実の発生と同時に記録することを意味しない場合があります。事実の発生後，いかなる時点で記録・計算するかを学ぶことも簿記を学習する上で重要なポイントとなってきます。

以上をまとめると，「簿記は，循環過程における資本の変動を，その事実に基づいて貨幣価値的に把握し，勘定という計算形式によって記録・計算し，一定期間における経営成績と一定時点における財政状態を明らかにすることである。」といえます。

4．簿記の沿革

簿記の起源は古代エジプトにまでさかのぼることができるといわれています。しかし，今日広く普及している複式簿記が成立したのは，中世末期の頃です。現在，広く知られている複式簿記が記された最古の印刷物は，1494年にベネチアで出版された『スンマ』(*Summa*）という書物です。これは正式には『算術，幾何，比および比例総覧』というタイトルの数学書で，その一部に複式簿記に関する記述があります。著者は，フランチェスカ派の修道僧であると同時に数学者であったルカ・パチオリ（Luca Pacioli；1446/7－1517）です。ただし，複式簿記は彼の独創ではなく，当時のベネチア，フィレンツェその他の商人の簿記法を取りまとめたものであるといわれています。

わが国に洋式の簿記が紹介されたのは，1873(明治６)年刊行の『帳合之法』と『銀行簿記精法』の２つによってです。

『帳合之法』は福沢諭吉（1835－1901）による Bryant & Stratton 著の *Common School Bookkeeping*(1871)の訳書です。単式簿記（略式）の部と翌年刊行の複式簿記（本式）の部から構成されています。これは単なる訳書ではなく随所に諭吉流ともいうべき工夫がされていて，前年に刊行された『学問のすゝめ』と同じく啓蒙的な内容となっています。

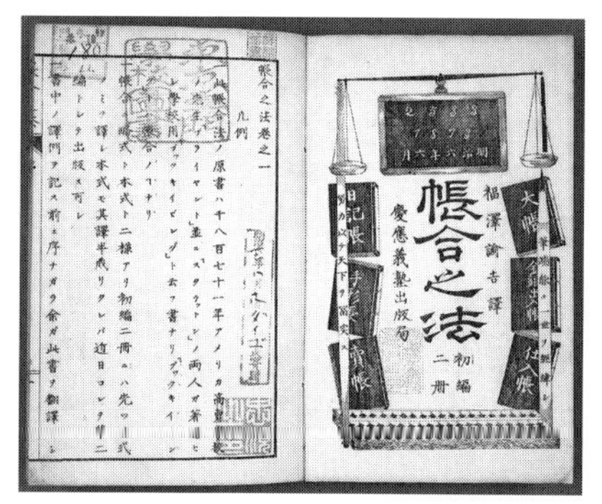

『帳合之法』(1873〈明治６〉年刊)

（資料提供：早稲田大学図書館）

『銀行簿記精法』は当時の大蔵省から刊行された銀行簿記に関する著書で全５巻で構成されています。著者は英国人のアラン・シャンド(Alan Shand；1844－1930)で，彼はわが国の銀行制度創建に際し，1872(明治５)年７月大蔵省に招かれ，10月に紙幣寮書記官に任ぜられていました。この書は，わが国最初の株式会社でもある第一国立銀行をはじめ，その後設立された多くの国立銀行に対し，統一して銀行簿記を実施させるために編集されたものです。したがって，簿記上の用語も含めて，わが国の会計に大きな影響を与えました。わが国で刊行された銀行簿記に関する最初の著書であると同時に，複式簿記に関する最初の著書であるといえます。

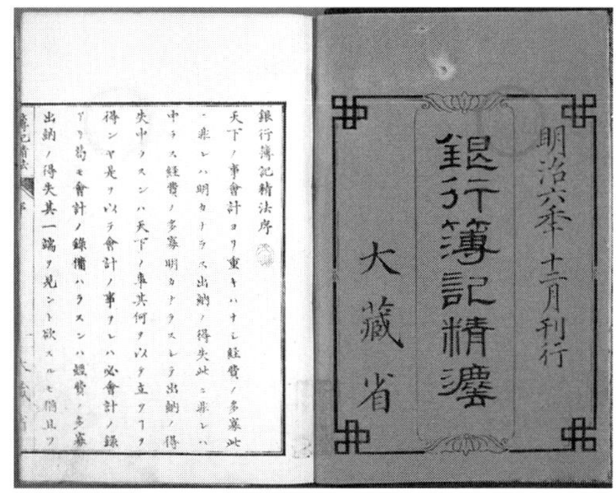

『銀行簿記精法』（1873〈明治６〉年刊）

（資料提供：早稲田大学図書館）

【第１章　練習問題】

身近な会計について考え，調べてみましょう。

2　貸借対照表と損益計算書

齋藤正章

《目標＆ポイント》 貸借対照表と損益計算書の意味内容について理解しましょう。次にその構成要素である資産，負債，純資産，収益，費用について理解を深めましょう。さらに，財産法と損益法という2つの利益計算法や貸借対照表と損益計算書の関係を示す試算表等式について学習します。
《キーワード》 貸借対照表，バランスシート，損益計算書，資産，負債，純資産，収益，費用，貸借対照表等式，財産法，損益法，試算表

1．貸借対照表と損益計算書

前章で説明したように，企業活動は，資本を投下して，それを運用して大きくし回収するという一連の資本の循環活動として定義されます。この企業活動を把握するために，簿記では**資産**，**負債**，**純資産**，**収益**，**費用**という概念を用い，その変動を記録し，貸借対照表と損益計算書を作成します。したがって，簿記の最終的な目標は貸借対照表と損益計算書を作成することにあるといえます。

貸借対照表（バランスシート Balance Sheet，略して B/S）は，一定時点における財政状態を示す計算表のことをいいます。ここで，一定時点とは期末のことを指し，財政状態とは資産，負債，純資産の状態のことをいいます。貸借対照表には，一定時点に存在する経済価値を表す概念であるストック情報が記載されます。

損益計算書（Profit and Loss Statement，略して P/L，または Income Statement，略して I/S）は，一定期間における経営成績を示す計算表

のことをいいます。ここで，一定期間とは一会計期間のことを指し，経営成績とは費用および収益の状況とその差額である**純利益**もしくは**純損失**のことをいいます。損益計算書には，一定期間内に流入・流出した経済価値を表すフロー情報が記載されます。

貸借対照表と損益計算書は，密接に結びついており，相互に補完的な関係にあります。

幕張商店の×１年４月末における貸借対照表と損益計算書を例示すると以下のようになります。

貸　借　対　照　表

幕張商店　　　　×１年４月30日

資　　　産		負債および純資産	
現　　金	860,000	借　入　金	300,000
商　　品	350,000	資　本　金	1,000,000
備　　品	200,000	当期純利益	110,000
	1,410,000		1,410,000

損　益　計　算　書

幕張商店　　自×１年４月１日 至×１年４月30日

費　　　用		収　　　益	
光　熱　費	10,000	商品売買益	150,000
給　　料	30,000		
当期純利益	**110,000**		
	150,000		150,000

図２－１　資金の調達と運用

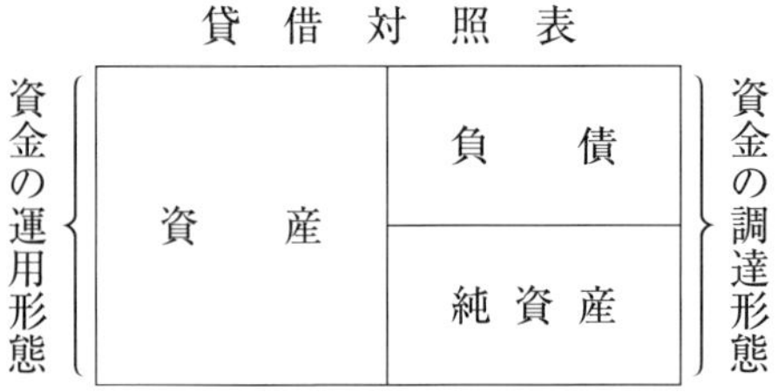

貸借対照表

資金の運用形態			資金の調達形態
	資産	負債	
		純資産	

貸借対照表において負債および純資産は資金の調達形態を表し，資産は資金の運用形態を表しています（図２－１）。

それでは貸借対照表の構成要素である資産，負債，純資産から説明しましょう。

資　産：資産とは，資本の循環過程にあって，経営手段として経済的便益をもち，貨幣価値によって合理的に測定できるものをいいます。具体的には，現金，商品，備品，機械，車両運搬具，建物，土地といった財貨や当座預金，売掛金，受取手形，貸付金，特許権といった権利が含まれます。

簿記上，資産とは，

①　企業に所有されている。

②　企業にとって将来，収益をもたらす。

③　貨幣価値によって測定される。

の３つの条件を満たすものをいいます。

たとえば，企業の信用力や高い技術力などは①，②の条件を満たしますが，③が満たされないので資産とは呼べません。また，有能な従業員は②の条件を満たしますが，①，③が満たされません。また，店（たな）ざらしや陳腐化等によって売却価値をもたない商品は①，③の条件を満たしますが，②の条件を満たさないので，やはり資産とは呼べません。

負　債：負債は，企業活動を行う上で発生したもので，企業が個人や他の企業に対して将来支払うべき債務（支払義務）および金銭上の負担額をいいます。具体的には，商品の購入代金の未払い分である買掛金や支払手形，借入金，未払金，前受金などがあげられます。

負債を弁済することによって企業の所有する資産はそれだけ減少します。そうすると負債は資産の減少を引き起こす原因であるといえます。しかし，負債を負うことによって資産が獲得されるという事実から負債をみると，負債はむしろ資産獲得の手段であり，経営活動の手段を提供するものであるともいえます。このように考えると負債は資本と類似した性質をもつものといえます。したがって，負債は資本の一種として他人資本とも呼ばれます。

純資産：純資産は，資産の総額から負債の総額を控除した金額で，自己資本ともいわれます。純資産は負債を控除したあとの資産に対する請求権を表しているともみることができます。したがって，純資産の資産に対する請求権を**残余請求権**と呼びます。純資産の代表的なものは資本金です。

次に損益計算書の構成要素である収益，費用について解説しましょう。収益は純資産の増加要因，費用は純資産の減少要因を表しています（図２−２)。また，収益＞費用のときは純利益が，収益＜費用のときは純損失が計算されます。

収　益：収益は，出資や増資以外の理由による純資産増加の原因をいいます。具体的には商品および製品の販売による売上高，サービスの提供からもたらされる受取手数料，資産を運用することによって得られる受取利息や受取配当金，不動産の賃貸から生じる受取地代や受取家賃などがあげられます。このなかでも売上高は，企業収益のなかで最も重要な収益であるといえます。

図2－2　純資産の増加と減少

損 益 計 算 書

	費用側	収益側	
純資産の減少	費　用	収　益	純資産の増加
	純 利 益		

費　用：費用は，減資以外の理由による純資産減少の原因をいいます。費用は収益獲得のために犠牲にされた経済資源の価値であるといえます。具体的には売上収益に対応する売上原価，人件費である給料や賃金，販売活動に伴う支払運賃，広告費，一般管理活動に伴う通信費，光熱費，支払保険料，資金の利用に伴う支払利息，手形売却損などがあげられます。

2. 貸借対照表等式と財産法

企業活動の成果は期首に投下された資本が大きくなったか小さくなったかで測定されます。この純増加分を純利益，純減少分を純損失といい，これを合わせて**純損益**といいます。この計算方法には，期首・期末の純資産を用いて純損益を求める**財産法**と，収益および費用を用いて純損益を求める**損益法**があります。財産法から説明しましょう。

図2－1のように，資産は負債と純資産によって保たれているという関係があります。具体的には，

資産＝負債＋純資産

という等式が成立します。これは，簿記のなかでも特に大切な等式で，**貸借対照表等式**と呼ばれています。なぜ，この等式が大切かというと，簿記の原理はこの関係を前提に成立しているからです。これを簡単な設

例によって確認してみましょう。

【設例】

4月1日　現金¥1,000,000の出資を受け，輸入雑貨の小売業を開業した。
　　3日　銀行から¥300,000を借入れた。
　　4日　陳列ケース等の備品¥200,000を現金で購入した。
　　5日　商品¥700,000（@¥7,000×100個）を現金で購入した。
　　10日　商品¥500,000（@¥10,000×50個）を販売し，代金は現金で受取った。
　　30日　光熱費¥10,000，給料¥30,000を現金で支払った。

この設例は**取引**（特に会計取引）と呼ばれるものです（取引については，第3章第1節で詳しく説明します）。4月1日の取引は，現金という資産が¥1,000,000増加し，同時にこの資産は事業主の出資分に帰属しますから，貸借対照表等式にあてはめると，

（資　　産）	=	（負　　債）	+	（純 資 産）
現金¥1,000,000	=	¥0	+	資本金¥1,000,000

となります。

次に4月3日の取引ですが，これも1日の取引と同様に現金という資産が増加していますが，この資産の帰属は銀行にありますから，貸借対照表等式は，

（資　　産）	=	（負　　債）	+	（純 資 産）
現金¥300,000	=	借入金¥300,000	+	¥0

となります。

4月4日の取引は，現金という資産が陳列ケースといった備品という資産に転化されたことを表します。よって貸借対照表等式は，

（資　　産）　　　＝（負　　債）＋　（純 資 産）
備品￥200,000－現金￥200,000　＝　　￥0　　＋　　￥0
となります。5日の取引も4日と同様で，
（資　　産）　　　＝（負　　債）＋　（純 資 産）
商品￥700,000－現金￥700,000　＝　　￥0　　＋　　￥0
となります。

4月10日はどうでしょうか。5日に仕入れた商品（単価@￥7,000）50個を単価@￥10,000で販売したので，資産（現金）が￥500,000増加し，商品が￥350,000減少し，その差額￥150,000が資本の回収分となります。したがって，貸借対照表等式は，
（資　　産）　　　＝（負　　債）＋　（純 資 産）
現金￥500,000－商品￥350,000　＝　　￥0　　＋　資本金￥150,000
となります。4月30日の取引は，逆に光熱費と給料の支払いは資本の減少分となるので，
（資　　産）　　　＝（負　　債）＋　（純 資 産）
－現金￥40,000　　　＝　　￥0　　－　資本金￥40,000
となります。

以上をまとめると表2－1のようになります。

表2－1　取引の要約

（単位：円）

	資		産	＝負　債	＋純資産
日　付	現　金	商　品	備　品	借入金	資本金
4月1日	1,000,000				1,000,000
3日	300,000			300,000	
4日	－200,000		200,000		
5日	－700,000	700,000			
10日	500,000	－350,000			150,000
30日	－40,000				－40,000
残　高	860,000	350,000	200,000	300,000	1,110,000

個々の取引でも取引全体でも貸借対照表等式が成立していることに注意しましょう。

さて，４月１日（期首）に資産￥1,000,000，資本金￥1,000,000でスタートした輸入雑貨の事業ですが，４月30日（期末）になると，資産が￥1,410,000（現金￥860,000＋商品￥350,000＋備品￥200,000），負債が￥300,000，純資産が￥1,110,000となります。つまり，資本の循環過程に投下された期首純資産￥1,000,000は，その過程を経て期末純資産￥1,110,000へと￥110,000増加しました（図２−３）。この純増加分が純利益です。

図２−３　財産法の図解

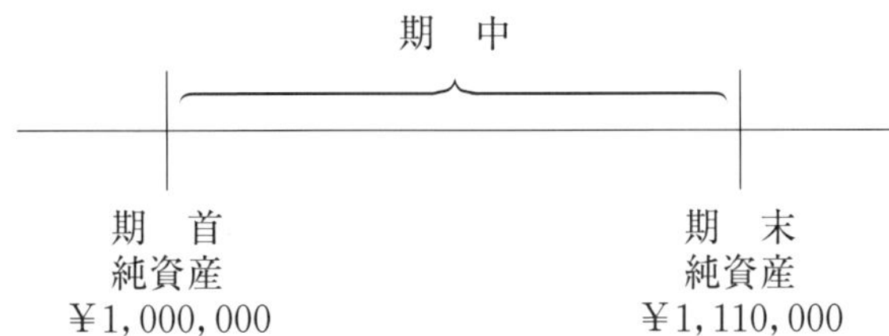

このように期首純資産と期末純資産を比較して純損益を計算する方法を**財産法**（または資本比較法）といいます。式で示すと，財産法は次のように定義されます。

（財産法）期末純資産−期首純資産＝純損益　（２−１）

設例で確認すると，期末純資産￥1,110,000−期首純資産￥1,000,000＝純利益￥110,000となります。

また，貸借対照表等式によって，

期首資産＝期首負債＋期首純資産　（２−２）

期末資産＝期末負債＋期末純資産　（２−３）

がそれぞれ成立しているので，（２−３）式に（２−１）式を期末純資

産＝期首純資産＋純損益として代入すると，

期末資産＝期末負債＋期首純資産＋純損益　　　　　　　（２－４）

と変形されます。この式は資本の循環過程に投下された資本とその回収分を知るのに便利です。

3．損益法

財産法は，期末純資産の額から期首純資産の額を控除することによって，期末にどれだけ純資産が増加（あるいは減少）したかを把握することが可能な方法でした。しかし，純資産がどのような原因で増加（あるいは減少）したのかを知ることができません。期中にどのような活動が行われたのか具体的にはわからないのですから，説明責任（アカウンタビリティ）の面からも重大な問題となります。そこで，損益法の登場となります。

損益法では，営業活動によって純資産が増加する場合，これを純資産の増加として処理しないで収益の発生として処理します。また，営業活動によって純資産が減少する場合，これを直接，純資産の減少として処理しないで費用の発生として処理します。

したがって，純資産の増減額である純損益は，収益から費用を控除することによって求められます。式で示すと，損益法は次のように定義されます。

（損益法）収益－費用＝純損益　　　　　　　（２－５）

【設例】で確認してみましょう。４月10日の取引では，純資産の増加分¥150,000としないで，収益（商品売買益）¥150,000の発生として認識します。また，４月30日の取引では純資産の減少¥40,000と処理しないで，費用（光熱費¥10,000＋給料¥30,000）の発生として認識します。そうすると純損益は，

収益￥150,000－費用￥40,000＝純利益￥110,000

となります。

図２－４　損益法の図解

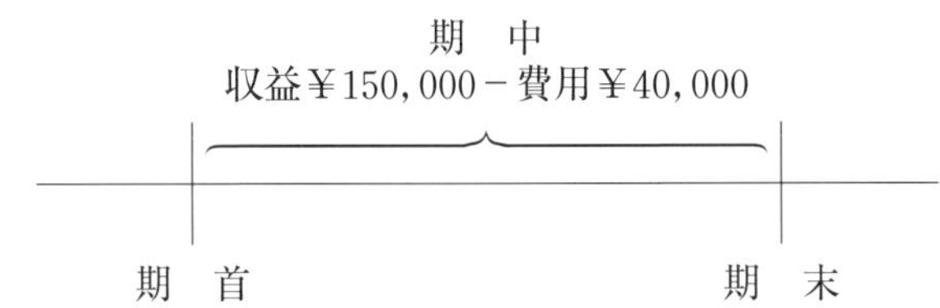

財産法によって求められた純損益と損益法によって求められた純損益とは必ず一致します。このように複式簿記では純損益の算定は２つの方法で行われ，相互に検証されます。

4．試算表等式

財産法によって求められた純損益と損益法によって求められた純損益は一致するので，（２－４）式と（２－５）式から

期末資産＝期末負債＋期首純資産＋収益－費用

という関係が得られます。

したがって，

期末資産＋費用＝期末負債＋期首純資産＋収益　（２－６）

が得られます。これを**試算表等式**と呼びます。試算表等式によって，財産法（資産，負債，純資産）と損益法（収益，費用）が結びつけられます。試算表等式を示す表は試算表と呼ばれ，前述の数値例で示すと図２−５のようになります。試算表等式は取引の記録が正確に行われたかどうかを自己検証するのに役立ちます。

図２－５　試算表の例示

試　算　表

借方	貸方
資　　産 ¥1,410,000	負　　債 ¥300,000
	純 資 産 ¥1,000,000
費　　用 ¥40,000	収　　益 ¥150,000

【第２章　練習問題】

【問１】次の各文の（　　）内にあてはまる語句を下の選択肢から選びなさい。

複式簿記の目的は，企業に関わるさまざまな利害関係者の意思決定に役立つ（　１　）を作成するための資料を提供し，一定時点における（　２　）と一定期間における（　３　）を貨幣額によって明らかにすることである。

（　２　）を把握するためには（　４　），（　５　）および（　６　）という概念が用いられ，これらの記録・計算の結果を報告するための計算書が（　７　）である。

（　３　）を把握するためには（　８　）および（　９　）という概念が用いられ，これらの記録・計算の結果を報告するための計算書を（　10　）といい，（　７　）と（　10　）を合わせて主要（　１　）という。

［選択肢］

ａ．貸借対照表　ｂ．キャッシュフロー計算書　ｃ．会計情報　ｄ．資産
ｅ．財務諸表　ｆ．費用　ｇ．純資産　ｈ．損益計算書　ｉ．収益
ｊ．負債　ｋ．経営成績　ｌ．試算表　ｍ．財政状態　ｎ．取引

〈解答欄〉

1		2		3		4		5	
6		7		8		9		10	

【問２】次のＡ，Ｂの欄に適当な金額を計算して入れなさい。

（単位：円）

	期首			期末			総収益	総費用	純利益又は純損失
	資産	負債	純資産	資産	負債	純資産			
問１	19,000	Ａ		17,500		1,800	40,000	47,000	
問２	Ｂ	4,800		16,300		8,900		5,600	1,600

〈解答欄〉

問１	Ａ	
問２	Ｂ	

3　勘定記入と仕訳・転記

齋藤正章

《目標＆ポイント》 簿記で中心的な役割を果たす勘定について，その意義および記入のルールについて理解しましょう。また，簿記における取引の定義とその分解，取引の具体的な記録方法である仕訳と転記，さらに仕訳帳と元帳の記入について習熟することが大切です。
《キーワード》 勘定，借方，貸方，会計取引の分解，仕訳，転記，仕訳帳，元帳

1．会計取引

簿記では，資産，負債，純資産に変動を及ぼす事象を**会計取引**といいます。収益，費用の発生は，純資産の増減をもたらすので，これも会計取引になります。会計取引は，社会一般で用いるいわゆる「取引」の概念とは少々異なります。たとえば，一般には賃貸や売買の契約が成立した時点で取引が行われたと考えられます。しかし，簿記では，実際に現金や商品などの増減が起こる契約履行（所有権の移転）時点で取引が発生したと認識します。逆に火災や盗難にあった場合，一般には取引が発生したとは考えませんが，簿記では，建物や現金の減少をもたらす取引として認識します。

会計取引は一般的に，財産取引，資本取引，損益取引の３つに区分されます。

① 財産取引―資産，負債の要素間の変動のみをもたらして純資産に変化をもたらさない交換取引。

② 資本取引―純資産変動のうち，元本に変動を及ぼす取引。
③ 損益取引―収益・費用の発生を通じて純資産の増減をもたらす取引。

この３つが複合する取引を混合取引といいます。また，会計取引は，現金変動の観点から，現金収支を伴うか伴わないかによって，現金取引と振替取引とに分類されることもあります。

2. 勘定

(1) 勘定とは何か

前章では会計取引を貸借対照表等式に基づいて記録する方法を紹介しました。しかし，この方法では常に等式を意識しなくてはならず，取引数が増えてくると，煩雑であまり使い勝手のよいものとはいえません。そこで，簿記では**勘定**と呼ばれる記録場所へ一定のルールを決めて記入することによって，記録の簡略化を可能にしています。

勘定には，増加と減少を別々に記入する左右の記録場所があります。その左側を**借方**（かりかた），右側を**貸方**（かしかた）と呼びます。現金を例にとって勘定のイメージを示すと図３−１のようになります。これを現金勘定と呼びます。現金勘定のように各勘定に付された名称を**勘定科目**といいます。

このように２欄に分けて増減を記録するのは，複式簿記が確立した時代には，まだ負の数が認識されておらず，増加と減少をすべて正の数で記入できるようにしたためであるといわれています。これによって，金

図３−１　勘定のイメージ

現	金
（借方）	（貸方）

額の大きいほうから小さいほうを差し引くことによって，どちらの欄にいくら残っているか（残高）を常に正の数で示すことができるのです。

（2）勘定への記入ルール

会計取引を勘定へ記入するには，取引に関係する勘定科目の増減を，一方の勘定の借方金額欄と他方の勘定の貸方金額欄に分けて記録します。そのとき，各勘定科目の借方金額と貸方金額が同額になるように記録します。これを簿記における**貸借平均の原理**と呼びます。全体の勘定の貸借平均によって試算表等式の成立を確認できるようになっています。

借方と貸方のどちらに増加，減少を記入するかはあらかじめ定められています。

資産，負債，純資産，収益，費用それぞれに属する勘定科目の記入ルールを一般化したものを示すと図３−２になります。

資産に属する勘定は，借方に増加額，貸方に減少額を記入するのに対して，負債および純資産に属する勘定は，貸方に増加額，借方に減少額を記入します。また，純資産の減少原因を個別具体的に示す費用勘定は，純資産勘定の減少が借方に記入されるので，借方に費用の発生額を記入します。逆に純資産の増加要因を個別具体的に示す収益勘定は，純資産勘定の増加が貸方に記入されるので，貸方に収益の発生額を記入します。この記入ルールは簿記学習上最も重要なものです。

図3-2　勘定の記入ルール

資 産 勘 定

＋ (増加)	－ (減少)

負 債 勘 定

－ (減少)	＋ (増加)

純資産勘定

－ (減少)	＋ (増加)

費 用 勘 定

＋ (発生)	－ (取消)

収 益 勘 定

－ (取消)	＋ (発生)

それでは前章の【設例】(23ページ) に基づいて勘定記入を行ってみましょう。

まず4月1日の取引ですが，現金¥1,000,000という資産勘定の増加と資本金¥1,000,000という純資産勘定の増加ととらえることができますので，勘定記入は次のようになります。

現　　金

借方	貸方
4/1　1,000,000	

資　本　金

借方	貸方
	4/1　1,000,000

勘定記入のルールに従っていることと貸借平均の原理が成立している点を確認しましょう。

それでは，実際に記入してみましょう。

現　　金　1

商　　品　2

備　　品　3

光　熱　費　7

給　　料　8

借　入　金　4

資　本　金　5

商品売買益　6

正しく記入すると次のようになります。

現　　金　1

4/ 1	1,000,000	4/ 4	200,000
3	300,000	5	700,000
10	500,000	30	40,000

借　入　金　4

		4/ 3	300,000

商　　品　2

4/ 5	700,000	4/10	350,000

資　本　金　5

		4/ 1	1,000,000

備　　品　3

4/ 4	200,000		

商品売買益　6

		4/10	150,000

光　熱　費　7

4/30	10,000		

給　　料　8

4/30	30,000		

勘定記入によって，会計取引の記帳作業が単純化され，かつ各勘定科目の残高の把握が容易になることが確認できます。また次章で説明する試算表を作成することによって記帳ミスの発見が可能になります。

【設例】では8つの勘定科目が使われましたが，企業が用いるすべての勘定をまとめた帳簿を**総勘定元帳**（以下，**元帳**）と呼びます。元帳に設けられた各勘定の記録場所を勘定口座といい，勘定口座が元帳のどこにあるかを示す番号ないしページ数が勘定科目の右横隅に付されます。

ここで用いた勘定の様式は略式の**T勘定**（T字型をしているので）と

呼ばれるものです。

3．会計取引の分解

簿記では，発生した会計取引を借方要素と貸方要素とに分けて認識し，勘定に記入します。そのときに，勘定記入のルールに従うわけですが，このルールを忘れたり，間違えたりしてしまうと記帳そのものの信頼性が失われてしまいます。

そこで，簿記では，借方に記入される要素と貸方に記入される要素とをあらかじめ認識しておきます。これを**会計取引の分解**といいます。

会計取引を直接勘定に記入すると間違う可能性がありますので，記入の前に借方の要素と貸方の要素を確認しようというわけです。この確認作業は仕訳という作業を通じて行われます。

4．仕訳と転記

会計取引は，ある勘定の借方金額と他の勘定の貸方金額とが誤りなく記入されるように留意しなくてはなりません。そのために，これまでのように取引を直接勘定に記入しないで，まず**仕訳**と呼ばれる取引の分解に基づく記録を行います。つまり，勘定記入を確実にするために，仕訳という手続を加えるのです。仕訳は，取引を発生順に体系づけて記録するとともに，取引ごとに貸借平均の原理を確認するのに役立ちます。

仕訳が終わると，記入対象のそれぞれの勘定口座の借方と貸方に日付，相手勘定科目，金額を記録します。これを**転記**といいます。

このように簿記は，取引→仕訳→転記という一連の記帳業務からなり，記録は仕訳帳と元帳とで行われます。

【設例】の４月１日の取引を仕訳すると次のようになります。

４月１日	（借）	現　　　金	1,000,000	（貸）資　本　金	1,000,000

現金という資産が増加したのでこれを借方に記入します。また，資本金という純資産が増加したのでこれを貸方に記入します。借方と貸方の金額は貸借平均の原理によって一致します。４月３日以降の取引を仕訳すると次のようになります。

４月３日	（借）	現　　　金	300,000	（貸）借　入　金	300,000
４日	（借）	備　　　品	200,000	（貸）現　　　金	200,000
５日	（借）	商　　　品	700,000	（貸）現　　　金	700,000
10日	（借）	現　　　金	500,000	（貸）商　　　品	350,000
				商品売買益	150,000
30日	（借）	光　熱　費	10,000	（貸）現　　　金	40,000
		給　　　料	30,000		

仕訳は，各勘定への記入を確実にするための指令であると考えることができます。それでは，仕訳を各勘定に転記してみましょう。

４月１日の取引は以下のように行われました。

４月１日	（借）	現　　　金	1,000,000	（貸）資　本　金	1,000,000

まず，借方の現金勘定への転記です。この仕訳は，「４月１日の日付で，現金勘定の借方に1,000,000円と記入しなさい。また，相手勘定科目は資本金である。」ということを示しています。そこで，現金勘定の

借方に４月１日と日付を記入し，1,000,000円と記入します。ここで，相手勘定科目とは貸借反対にある勘定科目のことで，ここでは資本金を指します。この相手勘定科目を日付と金額の間に記入します。これによって，後の仕訳帳・元帳間の照合がスムースに行われます。なお，４月10日，30日の現金勘定のように，相手勘定科目が複数ある場合には，**諸口**（しょぐち）を用います。

次に貸方の資本金勘定の転記です。これは「４月１日の日付で，資本金勘定の貸方に1,000,000円と記入しなさい。また，相手勘定科目は現金である。」ということを示しています。このように仕訳が行われると，転記は機械的に行われることになります。

図3－3　転　記

(借方)	現　金	(貸方)
4/ 1　資　本　金　1,000,000		

(借方)	資　本　金	(貸方)
		4/ 1　現　　　金　1,000,000

それでは，実際に記入してみましょう。

現　　金	1

借 入 金	4

商　　品	2

資 本 金	5

備　　品	3

商品売買益	6

光 熱 費	7

給　　料	8

正しく記入すると次のようになります。

現　　金　1

4/ 1 資本金	1,000,000	4/ 4 備　品	200,000
3 借入金	300,000	5 商　品	700,000
10 諸　口	500,000	30 諸　口	40,000

借　入　金　4

		4/ 3 現　金	300,000

商　　品　2

4/ 5 現　金	700,000	4/10 現　金	350,000

資　本　金　5

		4/ 1 現　金	1,000,000

備　　品　3

4/ 4 現　金	200,000		

商品売買益　6

		4/10 現　金	150,000

光　熱　費　7

4/30 現　金	10,000		

給　　料　8

4/30 現　金	30,000		

37ページに示した仕訳は簡略化したもので，実際は**仕訳帳**が用いられます。それを示すと図3－4のようになります。

図3－4　仕訳帳

仕　訳　帳　1

日	付	摘　要	元丁	借　方	貸　方
4	1	(現　　金)	1	1,000,000	
		(資　本　金)	5		1,000,000
		現金を元入れして開業			

仕訳帳の記入にあたっての注意事項を示すと次のようになります。

①　日付欄には取引発生の日付を記入します。

②　摘要欄には勘定科目をカッコ付きで記入します。その際に中央より左側に借方科目，右側に貸方科目を記入します。相手勘定科目が複数ある場合には，**諸口**（しょぐち）と記入します。仕訳をした下に，取引内容を要約した文章を入れますが，これを**小書き**（こがき）といいます。小書きの下に次の仕訳と区別するために摘要欄に赤線を入れます。

③　借方欄，貸方欄には取引の金額を記入します。

④　元丁欄には元帳にある勘定科目の番号を記入します。ただし，これは転記が終了するまで記入しません。

⑤　１つの取引は２ページにわたって記入してはなりません。これは仕訳帳の借方欄の合計と貸方欄の合計とが貸借平均の原理によって守られていることを示すためです。

⑥　該当ページの仕訳帳の記入欄がなくなりそうになったら，最後の行を残しておき，借方欄と貸方欄の合計を出すために加減算を意味する赤の一本線を引きます。合計金額を記入し，摘要欄には「次ページへ繰越」と記入します。そして次のページの１行目の摘要欄には「前ページより繰越」と記入し，前ページからの繰越金額を借方欄と貸方欄にそれぞれ記入します。仕訳帳の全体像を示すと次のようになります。

仕　訳　帳　　1

日付		摘　　要		元丁	借　方	貸　方
4	1	(現　　金)		1	1,000,000	
			(資　本　金)	5		1,000,000
		現金を元入れして開業				
	3	(現　　金)		1	300,000	
			(借　入　金)	4		300,000
		○○銀行から借入れ				
	4	(備　　品)		3	200,000	
			(現　　金)	1		200,000
		陳列ケース一式を購入				
	5	(商　　品)		2	700,000	
			(現　　金)	1		700,000
		商品100個を@¥7,000で購入				
	10	(現　　金)	諸　　口	1	500,000	
			(商　　品)	2		350,000
			(商品売買益)	6		150,000
		商品50個を@¥10,000で販売				
			次ページへ繰越	✓	2,700,000	2,700,000

仕　訳　帳　　2

日付		摘　　要		元丁	借　方	貸　方
		前ページより繰越		✓	2,700,000	2,700,000
4	30	諸　　口	(現　　金)	1		40,000
		(光　熱　費)		7	10,000	
		(給　　料)		8	30,000	
		光熱費および給料の支払				

次に勘定への記入ですが，勘定には，金額欄のほかに日付欄と摘要欄を借方と貸方の2欄に分けた**標準式**と，金額欄のみを借方と貸方の2欄に分けて，常に残高を計算できるようにした**残高式**とがあります。【設例】の4月1日の現金勘定でこれらを示すと図3－5になります。

標準式と残高式では記入方法が多少異なりますが，要約して示すと次のようになります。

①　日付欄には取引発生の日付（年月日）を記入します。同年，同月の場合，年，月を省略します。

②　摘要欄には，仕訳帳に記入されている相手勘定科目を記入します。相手科目が2つ以上ある場合，**諸口**（しょくち）と記入します。相手科目の記入は，後日，取引の検索や検証をするときに役立ちます。

③　借方，貸方欄には金額を記入します。なお，残高式の場合は，借／貸欄に金額の多い欄の名を記入し残高金額を残高欄に記入します。

④　仕丁欄には，この取引が仕訳されている仕訳帳のページ番号を記入します。これも後の照合に役立ちます。

図3－5　勘定の標準式と残高式

〈標準式〉

現　　金　　1

日	付	摘　　要	仕丁	借　　方	日	付	摘　　要	仕丁	貸　　方
4	1	資　本　金		1,000,000					

〈残高式〉

現　　金　　1

日	付	摘　　要	仕丁	借　　方	貸　　方	借/貸	残　　高
4	1	資　本　金		1,000,000		借	1,000,000

具体的な元帳の記入は次のようになります。

ここでは，「標準式」による勘定記入を示します。

現　　金　　1

日	付	摘　要	仕丁	借　方	日	付	摘　要	仕丁	貸　方
4	1	資本金	1	1,000,000	4	4	備　品	1	200,000
	3	借入金	1	300,000		5	商　品	1	700,000
	10	諸　口	1	500,000		30	諸　口	2	40,000

商　　品　　2

日	付	摘　要	仕丁	借　方	日	付	摘　要	仕丁	貸　方
4	5	現　金	1	700,000	4	10	現　金	1	350,000

備　　品　　3

日	付	摘　要	仕丁	借　方	日	付	摘　要	仕丁	貸　方
4	4	現　金	1	200,000					

借入金　　4

日	付	摘　要	仕丁	借　方	日	付	摘　要	仕丁	貸　方
					4	3	現　金	1	300,000

資本金　　5

日	付	摘　要	仕丁	借　方	日	付	摘　要	仕丁	貸　方
					4	1	現　金	1	1,000,000

商品売買益　6

日	付	摘　　要	仕丁	借　　方	日	付	摘　　要	仕丁	貸　　方
					4	10	現　　金	1	150,000

光　熱　費　7

日	付	摘　　要	仕丁	借　　方	日	付	摘　　要	仕丁	貸　　方
4	30	現　　金	2	10,000					

給　　料　8

日	付	摘　　要	仕丁	借　　方	日	付	摘　　要	仕丁	貸　　方
4	30	現　　金	2	30,000					

【第３章　練習問題】

次の取引を仕訳し，元帳に転記しなさい。

11月１日　現金￥4,500,000を出資を受け，輸入雑貨の小売業を開業した。

３日　千代田銀行から￥1,500,000を借り入れた。

４日　店舗とするための中古の建物￥2,000,000を現金で購入した。

５日　A商品￥3,500,000(@￥3,500×1,000個)を掛けで購入した。

10日　A商品￥1,500,000(@￥5,000×300個)を販売し，代金は掛けとした。

12日　買掛金￥2,500,000を現金で支払った。

20日　売掛金￥1,000,000を現金で受取った。

25日　光熱費￥60,000，給料￥200,000を現金で支払った。

仕　訳　帳　　　1

日	付	摘　　要	元丁	借　方	貸　方

仕　訳　帳　2

日付		摘　　　　要	元丁	借　　方	貸　　方

元　　帳

現　　金　1

日付		摘　　要	仕丁	借　　方	日付		摘　　要	仕丁	貸　　方

売　掛　金　2

日付		摘　　要	仕丁	借　　方	日付		摘　　要	仕丁	貸　　方

商　　品　3

日付		摘　　要	仕丁	借　　方	日付		摘　　要	仕丁	貸　　方

建　　物　4

日付		摘要	仕丁	借方	日付		摘要	仕丁	貸方

買掛金　5

日付		摘要	仕丁	借方	日付		摘要	仕丁	貸方

借入金　6

日付		摘要	仕丁	借方	日付		摘要	仕丁	貸方

資本金　7

日付		摘要	仕丁	借方	日付		摘要	仕丁	貸方

商品売買益　8

日付		摘要	仕丁	借方	日付		摘要	仕丁	貸方

光熱費　9

日付		摘要	仕丁	借方	日付		摘要	仕丁	貸方

給　　料　10

日付		摘要	仕丁	借方	日付		摘要	仕丁	貸方

4 試算表の作成と帳簿決算

齋藤正章

《目標＆ポイント》 決算手続について理解しましょう。その入口は試算表の作成になります。次に，帳簿決算ですが，これは手順が大切になります。手順どおりに貸借対照表，損益計算書を作成することができるように何度も練習しましょう。
《キーワード》 合計試算表，残高試算表，合計残高試算表，損益勘定，振替仕訳，財務諸表

1．試算表の作成

（1）試算表の意義・目的

一会計期間に発生した取引を仕訳帳に仕訳し，元帳に転記したあと，それが正しく行われたかどうかを確かめるために，元帳の各勘定の金額を集計して表を作ります。この計算表を**試算表**（trial balance；T/B）といいます。

試算表を作成する目的は，第一に仕訳帳から元帳への転記が正しかったかどうかを検証することにあります。第二は貸借対照表および損益計算書を作成するための基礎資料として役立てることにあります。そして第三は企業活動の概要を把握するのに役立てるということにあります。

図４−１　帳簿記録の流れ

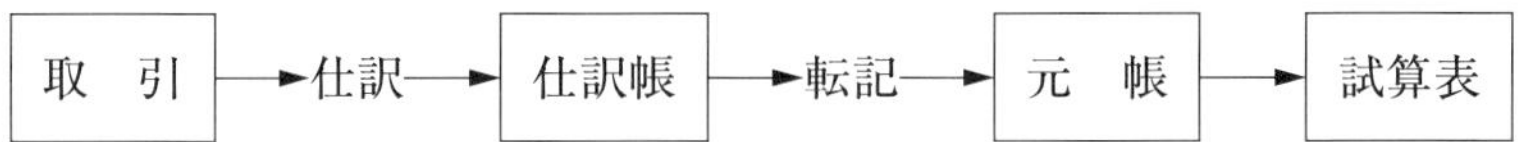

仕訳は，すべての取引について必ず借方の金額と貸方の金額が一致するように行われています。また，転記は，借方の仕訳金額をその勘定科目の借方へ，貸方の仕訳金額をその勘定科目の貸方へそのまま書き移す作業なので，転記が正しく行われていれば，元帳の各勘定科目の借方金額の合計と貸方金額の総合計は一致するはずです。これを**貸借平均の原理**といいました。

試算表は，この貸借平均の原理を応用して，転記の正否を確かめることを目的としています。仮に，試算表の借方合計額と貸方合計額が一致しない場合には，仕訳から試算表作成までの手続きと逆の順序（図４－１の矢印の逆方向）で不一致の原因をチェックすることができます。これを試算表の**自己検証機能**と呼びます。

（２）試算表の種類

試算表を作成する場合，元帳の各勘定についてその借方と貸方の合計金額を集計すると**合計試算表**が作られます。これに対し，借方と貸方の差額だけを集計する試算表は**残高試算表**と呼ばれます。また，この２つを１つにまとめた**合計残高試算表**が作成されることもあります。試算表は，通常，決算時に作成されますが，必要に応じて，毎日，毎週，毎月末に作成されることもあります。その場合，それらは日計表，週計表，月計表とそれぞれ呼ばれます。合計試算表，残高試算表，合計残高試算表のひな型を示すと図４－２のようになります。

図４－２　合計試算表，残高試算表，合計残高試算表

合　計　試　算　表

借方合計	勘定科目	貸方合計

残　高　試　算　表

借方残高	勘定科目	貸方残高

合　計　残　高　試　算　表

借 方		勘定科目	貸 方	
残高	合計		合計	残高

第２章の【設例】（23ページ）の合計残高試算表を作成すると次のようになります。第３章の元帳（44，45ページ）を見ながら金額を確認しましょう。

合　計　残　高　試　算　表

借 方		元丁	勘定科目	貸 方	
残　高	合　計			合　計	残　高
860,000	1,800,000	1	現　　金	940,000	
350,000	700,000	2	商　　品	350,000	
200,000	200,000	3	備　　品		
		4	借 入 金	300,000	300,000
		5	資 本 金	1,000,000	1,000,000
		6	商品売買益	150,000	150,000
10,000	10,000	7	光 熱 費		
30,000	30,000	8	給　　料		
1,450,000	2,740,000			2,740,000	1,450,000

2．試算表の自己検証機能

（1）貸借不一致を検証する手順

試算表は貸借平均の原理によって，合計試算表にせよ，残高試算表にせよ，またそれらを併記した合計残高試算表にせよ，勘定記入に誤りがなければ，その借方と貸方の合計額は必ず一致するはずです。仮に，一致しない場合はどこかに誤りがあるので，仕訳から試算表作成までの手続きとは逆の順序で次のように不一致の原因を検証します。このように試算表には自ら誤りを発見する自己検証機能が備わっているのです。

［試算表の貸借不一致を検証する手順］

① 試算表の借方と貸方の合計額の計算に誤りがないかどうかをチェックします。

② 元帳の各勘定の合計額または残高が誤りなく試算表に書き移されているかどうかをチェックします。

③ 元帳の各勘定の合計額または残高の計算が正しいかどうかをチェックします。

④ 仕訳帳から元帳への転記が正しいかどうかをチェックします。

⑤ 仕訳自体に誤りがないかどうかをチェックします。

（2）自己検証機能の限界

しかし，試算表の借方と貸方の合計額が一致したからといって，必ずしも勘定記入が正確であるとはいえないことがあります。というのは，次のような誤りは試算表では発見することができないからです。

① 元帳への転記漏れがあった場合または二重転記した場合。

② 仕訳の金額をそれぞれ誤って転記した場合。

③ 貸借反対に転記した場合。

④　仕訳帳への仕訳漏れがあった場合，または仕訳帳に二重仕訳した場合。

なお，①および②の誤りは，残高試算表の場合には発見できませんが，合計試算表の場合には，仕訳帳の借方と貸方の合計額を照合することによって発見することができます。

試算表の借方・貸方の合計金額が一致したら，日常の簿記について仕訳帳を締切ります（図４－3）。

図４－３　仕訳帳の締切（日常の簿記）

仕　訳　帳　　2

日	付	摘　要	元丁	借　方	貸　方
		前ページより繰越	✓	2,700,000	2,700,000
4	30	諸　口　（現　金）	1		40,000
		（光　熱　費）	7	10,000	
		（給　料）	8	30,000	
		光熱費，給料の支払			
				2,740,000	2,740,000

3．帳簿決算

試算表で，日常の簿記に誤りがないことを確認したら，次に一会計期間中における純損益の計算を行うために，（１）元帳の締切および（２）仕訳帳（決算仕訳）の締切からなる決算本手続を行います。

（１）総勘定元帳の締切

元帳の締切方法には，英米式と大陸式の２つの方法があります。ここでは，英米式について解説します。それでは本決算手続きを手順に従って紹介していきましょう。

① 収益・費用の各勘定残高を損益勘定に振替える

まず一会計期間の収益および費用を集計して当期純利益（または当期純損失）を計算するために**損益勘定**を設けます。次に，収益および費用の各勘定の残高を損益勘定に移す作業をします。このようにある勘定から他の勘定へ金額を移すことを**振替**といい，そのための仕訳を振替仕訳といいます。たとえば，収益である商品売買益勘定の金額を損益勘定へ振替える仕訳は次のようになります。

4月30日（借）商品売買益　150,000　　（貸）損　　益　150,000

この仕訳によって，商品売買益勘定の残高がゼロになり，その金額が損益勘定へ移動していることが確認できます。

商品売買益　7

4/30 損益	150,000	4/10 現金	150,000

損　　益　10

		4/30 商品売買益	150,000

振替仕訳では，損益勘定で収益と費用それぞれの金額が明らかになるように，収益に属する勘定科目と費用に属する勘定科目を個別に振替えることに注意しましょう（図4−4）。

図4－4　決算振替仕訳と仕訳帳の締切（決算の簿記）

仕　訳　帳　　2

日	付	摘　　要	元丁	借　方	貸　方
		前ページより繰越	✓	2,700,000	2,700,000
4	30	諸　口　（現　金）	1		40,000
		（光 熱 費）	7	10,000	
		（給　料）	8	30,000	
		光熱費，給料の支払			
				2,740,000	2,740,000
		〈決算振替仕訳〉			
4	30	（商品売買益）	6	150,000	
		（損　益）	10		150,000
		収益勘定の振替			
	〃	（損　益）	10	10,000	
		（光 熱 費）	7		10,000
		費用勘定の振替			
	〃	（損　益）	10	30,000	
		（給　料）	8		30,000
		費用勘定の振替			
	〃	（損　益）	10	110,000	
		（資 本 金）	5		110,000
		資本金へ純利益を振替			
				300,000	300,000

②　損益勘定で計算された純損益を資本金勘定に振替える

①の振替仕訳によって，損益勘定には収益の各勘定残高と費用の各勘定残高がすべて集められます。このとき，損益勘定が貸方残（収益が費用より多い）の場合には純利益が生じ，逆に借方残の場合は純損失とな

ります。

純損益は資本金の増減をもたらすものなので，純利益が生じた場合には，これを資本金勘定の貸方に振替え，反対に純損失が生じた場合には，これを資本金勘定の借方に振替えます。この振替も，収益・費用の各勘定残高の損益勘定への振替と同様に仕訳帳を通して元帳に転記されます。

設例の損益勘定は，収益・費用の振替が終わって以下のようになっています。

損　益　10

借方			貸方		
4/30	光熱費	10,000	4/30	商品売買益	150,000
〃	給　料	30,000			

資本金　5

借方			貸方		
			4/1	現　金	1,000,000

貸方が110,000円多いので，純利益が生じていることがわかります。これを資本金勘定の貸方へ振替えます。

4月30日（借）損　　益　110,000　　（貸）資　本　金　110,000

損　益　10

借方			貸方		
4/30	光熱費	10,000	4/30	商品売買益	150,000
〃	給　料	30,000			
〃	資本金	110,000			

資本金　5

借方			貸方		
			4/1	現　金	1,000,000
			30	損　益	110,000

③　収益・費用の各勘定および損益勘定を締切る

損益勘定で計算した純損益を資本金勘定に振替えたら，収益・費用の各勘定と損益勘定の借方合計と貸方合計が一致するので，元帳の各勘定を締切ります（日付欄と金額欄に二重線〈締切線〉を引きます）。

図4－5　収益・費用勘定と損益勘定の締切

商品売買益　6

日	付	摘　要	仕丁	借　方	日	付	摘　要	仕丁	貸　方
4	30	損　益	2	150,000	4	10	現　金	1	150,000

光　熱　費　7

日	付	摘　要	仕丁	借　方	日	付	摘　要	仕丁	貸　方
4	30	現　金	2	10,000	4	30	損　益	2	10,000

給　料　8

日	付	摘　要	仕丁	借　方	日	付	摘　要	仕丁	貸　方
4	30	現　金	2	30,000	4	30	損　益	2	30,000

損益勘定は損益計算書を作成する基礎資料となります。

損　益　10

日	付	摘　要	仕丁	借　方	日	付	摘　要	仕丁	貸　方
4	30	光熱費	2	10,000	4	30	商品売買益	2	150,000
		給　料	2	30,000					
		資本金	2	110,000					
				150,000					150,000

④－1　資産勘定の締切

資産の諸勘定は借方残高になるので，この残高金額を決算日の日付で貸方に**次期繰越**と赤字で繰越記入を行い，貸借を一致させて締切ります。

次に，次の行の借方に次期の最初の日付で，摘要欄に**前期繰越**と黒字で記入し，前期から繰越した金額を記入します。これを**開始記入**といいます。

④－2　負債および純資産勘定の締切

負債および純資産の諸勘定は貸方残高になるので，「次期繰越」に関する記入は借方に，「前期繰越」に関する記入は貸方になります。

なお，これらの繰越記入と開始記入は仕訳帳で仕訳を行わず，直接元帳に記入します。したがって，仕丁欄にはチェックマークを記します。

図４－６　資産・負債・純資産勘定の締切

現　　金　　1

日	付	摘要	仕丁	借方	日	付	摘要	仕丁	貸方
4	1	資本金	1	1,000,000	4	4	備品	2	200,000
	3	借入金	1	300,000		5	商品	1	700,000
	10	諸口	1	500,000		30	諸口	2	40,000
						30	**次期繰越**	✓	**860,000**
				1,800,000					1,800,000
5	1	前期繰越	✓	860,000					

商　　品　　2

日	付	摘要	仕丁	借方	日	付	摘要	仕丁	貸方
4	5	現金	1	700,000	4	10	現金		350,000
						30	**次期繰越**	✓	**350,000**
				700,000					700,000
5	1	前期繰越	✓	350,000					

備　品　3

日	付	摘　要	仕丁	借　方	日	付	摘　要	仕丁	貸　方
4	4	現　金	1	200,000	**4**	**30**	**次期繰越**	✓	**200,000**
5	1	前期繰越	✓	200,000					

借入金　4

日	付	摘　要	仕丁	借　方	日	付	摘　要	仕丁	貸　方
4	**30**	**次期繰越**	✓	**300,000**	4	3	現　金	1	300,000
					5	1	前期繰越	✓	300,000

資本金　5

日	付	摘　要	仕丁	借　方	日	付	摘　要	仕丁	貸　方
4	**30**	**次期繰越**	✓	**1,110,000**	4	1	現　金	1	1,000,000
						30	損　益	2	110,000
				1,110,000					1,110,000
					5	1	前期繰越	✓	1,110,000

④－3　繰越試算表の作成

資産，負債および純資産の各勘定の締切りを行ったあと，各勘定の繰越記入が正しく行われたかどうかを確かめるために，決算日の日付で，各勘定の次期繰越額を集めて繰越試算表を作成します。これは英米式決算法に特有の手続きです。

繰越試算表は貸借対照表を作成する基礎資料となります。

図4－7　繰越試算表

繰越試算表

借方残高	元丁	勘定科目	貸方残高
860,000	1	現金	
350,000	2	商品	
200,000	3	備品	
	4	借入金	300,000
	5	資本金	1,110,000
1,410,000			1,410,000

(2) 仕訳帳の締切

仕訳帳は日常の取引の記入が終了したとき，言い換えれば，決算の直前にいったん貸借合計を計算して締切ります。この金額は，合計試算表の貸借合計額と一致します。さらに，決算仕訳が終了したときに，再び貸借合計額を計算して締切ります（図4－4）。なお，次期の最初の日付で仕訳帳の1行目に前期繰越高と記入し，繰越試算表の借方合計額と貸方合計額を記入しておきます。

図4－8　仕訳帳の開始記入

仕訳帳　　3

日付		摘要	元丁	借方	貸方
5	1	前期繰越	✓	1,410,000	1,410,000

4．財務諸表の作成

繰越試算表と損益勘定をもとにして，貸借対照表と損益計算書を作成します。これら計算書類を総称して財務諸表といいます（図４－９）。

図４－９　財務諸表

貸　借　対　照　表

幕張商店　　　　　　×１年４月30日

資　　産		負債および純資産	
現　　　金	860,000	借　入　金	300,000
商　　　品	350,000	資　本　金	1,000,000
備　　　品	200,000	当期純利益	110,000
	1,410,000		1,410,000

損　益　計　算　書

幕張商店　　　自×１年４月１日　至×１年４月30日

費　　用		収　　益	
光　熱　費	10,000	商品売買益	150,000
給　　　料	30,000		
当期純利益	**110,000**		
	150,000		150,000

【第４章　練習問題】

中野商会の７月１日から31日までの次の諸勘定について以下の問いに答えなさい。

現　　金

日付	摘要	金額	日付	摘要	金額
7/1	資本金	300,000	7/2	商　品	100,000
9	受取手数料	8,000	6	備　品	80,000
15	売掛金	150,000	10	広告費	7,000
			16	買掛金	120,000
			20	給　料	20,000
			30	支払家賃	15,000

売　掛　金

日付	摘要	金額	日付	摘要	金額
7/5	諸　口	150,000	7/15	現　金	150,000
12	諸　口	90,000			

商　　品

日付	摘要	金額	日付	摘要	金額
7/2	諸　口	200,000	7/5	売掛金	110,000
8	買掛金	100,000	12	売掛金	70,000

備　　品

日付	摘要	金額	日付	摘要	金額
7/6	現　金	80,000			

買　掛　金

日付	摘要	金額	日付	摘要	金額
7/16	諸　口	120,000	7/2	商　品	100,000
			8	商　品	100,000

資　本　金

日付	摘要	金額	日付	摘要	金額
			7/1	現　金	300,000

商品売買益

日付	摘要	金額	日付	摘要	金額
			7/5	売掛金	40,000
			12	売掛金	20,000

受取手数料

日付	摘要	金額	日付	摘要	金額
			7/9	現　金	8,000

広　告　費

日付	摘要	金額	日付	摘要	金額
7/20	現　金	7,000			

給　　料

日付	摘要	金額	日付	摘要	金額
7/6	現　金	20,000			

支払家賃	
7/30 現　金　15,000	

損　　益	

【問1】収益と費用の勘定について，損益勘定に振替える仕訳をし，各勘定を締切りなさい。

日付	借方科目	金　額	貸方科目	金　額

【問2】資産・負債および純資産勘定を締切り，繰越試算表を作成しなさい。

繰越試算表

7月31日

借方金額	勘定科目	貸方金額
	現　　金	
	売 掛 金	
	商　　品	
	備　　品	
	買 掛 金	
	資 本 金	

5　現金・預金に関する記帳処理

齋藤正章

《目標&ポイント》 現金は資金の調達や商品代金はじめ各種の決済に使用される重要な勘定科目です。その記帳処理ならびに管理について学習します。また併せて当座預金の記帳処理についても学びましょう。
《キーワード》 現金，通貨代用証券，小切手，郵便為替証書，当座預金，当座借越，現金過不足

1. 現　金

（1）現金の記帳処理

企業が売買代金等を通貨で受取った場合には，現金という資産が増加するので，現金勘定の借方に増加額を記入します。逆に支払った場合には現金という資産が減少するので現金勘定の貸方に減少額を記入します。したがって，現金勘定の残高は常に借方に生じ，現金の手許有高を示します。

図５－１　現金勘定

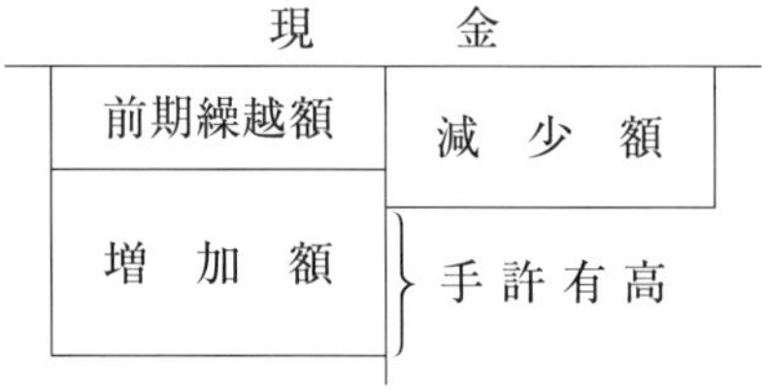

現	金
前期繰越額	減　少　額
増　加　額	手 許 有 高

現金取引に関する仕訳を示すと次のようになります。

現金を受取ったとき

（借）現　　金　　×××　　（貸）○○○○　　×××

現金を支払ったとき

（借）○○○○　　×××　　（貸）現　　金　　×××

※○○○○は相手勘定科目，×××は金額を表しています。

【例題５－１】次の５月中の取引を仕訳し，元帳（現金勘定のみ）に転記しなさい。

５月１日　現金の前月繰越高は￥50,000である。

15日　広告宣伝費￥30,000を現金で支払った。

18日　千葉商店へ商品￥150,000（原価￥120,000）を売り渡し，現金で受取った。

（解答）

５月１日　仕訳なし

	借方科目	金額	貸方科目	金額
15日	（借）広告宣伝費	30,000	（貸）現　　金	30,000
18日	（借）現　　金	150,000	（貸）商　　品	120,000
			商品売買益	30,000

現　　金

5／1	前月繰越	50,000	5／15	広告宣伝費	30,000
18	諸　　口	150,000			

現金勘定から現金の残高は￥170,000であることがわかります。

(2) 現金勘定

簿記上，現金勘定で処理されるものには，通貨（紙幣および硬貨）のほかに，他人が振出した小切手，送金小切手，郵便為替証書，株式配当金領収証，支払期日の到来した公債，社債の利札（りさつ）といった，いつでも現金に換えることのできるものが含まれます。これらを**通貨代用証券**と呼びます。このうち，郵便為替証書とは郵便局で現金を送金するために作成してもらう証書のことをいいます。受取人がこれを郵便局へ持参すると現金と交換できます。また，株式配当金領収証は，配当金の代わりにその株式の発行会社から送られてくる証書のことをいいます。これも受取人が記名，捺印し銀行に持参すれば換金できます。

なお，他人振出しの小切手の受取りは現金勘定で処理しますが，以下で述べるように小切手の振出しと自己振出しの小切手の受入れは，当座預金勘定で処理することに注意しましょう。

2. 預　金

(1) 当座預金勘定

企業は一般に，代金支払いには現金以外に小切手や手形を振出して決済します。そのためには，取引銀行にそうした決済専用の預金口座を開設しておかなければなりません。その口座を当座預金口座と呼びます。当座預金口座は，取引銀行と当座取引契約を結ぶことによって開設されます。なお，わが国では当座預金は無利息となっています。これは銀行に決済業務の代行をさせているためです。

当座預金口座の増減を記録する勘定科目として当座預金勘定（資産勘定）を用います。

小切手を振出したり，手形の決済が行われた場合には，当座預金の減少として処理します。逆に受取った小切手や手形の決済代金を預入れた場合には当座預金の増加として処理します。したがって，当座預金勘定の残高は借方に生じ，当座預金の現在高を示します。

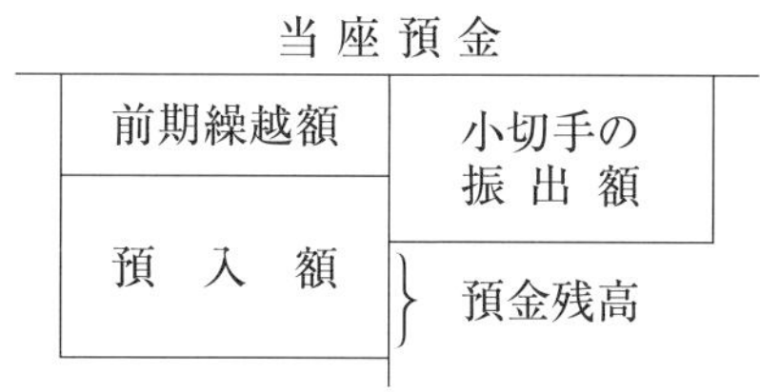

小切手の受払いに関する仕訳を示すと次のようになります。

小切手を振出したとき

（借）○○○○　×××　（貸）当座預金　×××

小切手を受取ったとき

（借）現　金　×××　（貸）○○○○　×××

（2）当座借越

企業は，小切手の振出しや決済をスムースに行うために，当座預金勘定の残高が一時的にゼロになった場合にも，一定限度内であれば決済を可能にする当座借越契約を銀行と結ぶことがあります。借越限度額は，根抵当として差し入れる定期預金証書や有価証券の金額，企業の信用力（支払能力や資本力，収益力など）を加味して決められます。

当座借越契約を結んだ場合，当座預金勘定の借方残高は当座預金残高を表し，貸方残高は当座借越残高を表します。したがって，借方残高のときは資産勘定を，貸方残高のときは負債勘定を意味しています。

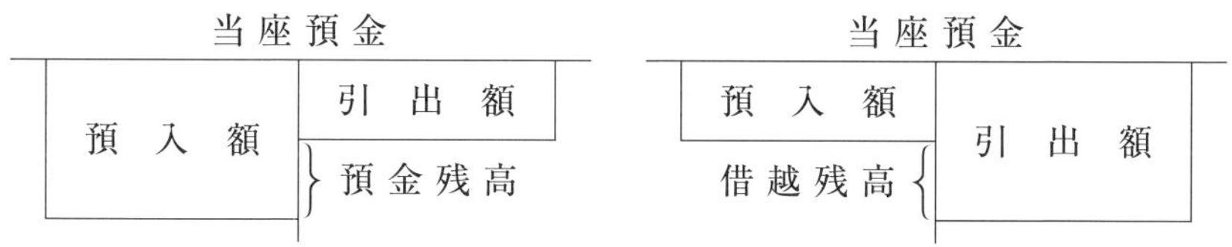

期中に当座借越がある場合は実務上，そのまま貸方残高にしておいて，決算日に**当座借越勘定**（負債勘定）に振替えます。

【例題5－2】次の9月中の連続した取引を仕訳し転記しなさい。なお，当社は取引銀行と借越限度額￥100,000の当座借越契約を結んでおり，決算日は9月30日である（売掛金，買掛金について詳しくは第8章を参照してください）。

9月1日　当座預金繰越高￥50,000。
　7日　商品￥80,000を仕入れ，代金は小切手を振出して支払った。
　13日　売掛金￥70,000を小切手で受取り，ただちに当座預金とした。
　20日　買掛金￥60,000を小切手を振出して支払った。
　25日　広告宣伝費￥30,000を小切手を振出して支払った。
　30日　本日，決算を迎えた。

（解答）

9月1日　仕訳なし

7日	（借）商　　品	80,000	（貸）当座預金	80,000
13日	（借）当座預金	70,000	（貸）売 掛 金	70,000
20日	（借）買 掛 金	60,000	（貸）当座預金	60,000
25日	（借）広告宣伝費	30,000	（貸）当座預金	30,000
30日	（借）当座預金	50,000	（貸）当座借越	50,000

当座預金

9/1	前期繰越	50,000	9/7	商　　品	80,000
13	売 掛 金	70,000	20	買 掛 金	60,000
30	当座借越	50,000	25	広告宣伝費	30,000

当座借越	
	9/30　当座預金　50,000

なお，翌期首（10/１）には，９/30と反対の仕訳をして，元に戻します。これを再振替仕訳といいます。

10月１日　（借）当座借越　50,000　（貸）当座預金　50,000

（3）その他の預金

普通預金，定期預金，通知預金，郵便貯金などについては，それぞれの勘定口座を設けて，当座預金の預入れや引出しの場合と同じ方法で記帳します。

なお，これらの預貯金をまとめて諸預金勘定で処理することもあります。

3．現金管理に関する記帳処理

決済手段として頻繁に利用される現金は，財産管理のみならず，円滑な債務弁済を続けていくためにも定期的な管理が必要となります。本節では，現金勘定の定期的な管理に関する記帳処理について説明します。

なお，現金管理の基本原則は，帳簿残高と実際有高が一致するかどうかを確認し，一致しない場合には帳簿残高を実際有高に一致させるように修正することです。

現金については，定期的に現金勘定残高（ないし現金出納帳の残高）と，金庫やレジなどに保管されている実際の現金有高が一致するか否かを調査します。一致している場合は会計処理を必要としませんが，食い違う場合には，その原因が判明するまで一時的にその差額分を**現金過不足勘定**で処理します。

現金過不足勘定は，実際手許有高を基準にしてそれが帳簿残高よりも多い場合には，その過剰分を現金勘定の借方と現金過不足勘定の貸方に記入し，逆に帳簿残高よりも少ない場合には，その不足分を現金過不足勘定の借方と現金勘定の貸方に記入します。つまり，過剰と不足の両方の処理がこの勘定で行われるわけです。

過剰（帳簿残高＜実際手許有高）の場合

（借）現　　金　×××　（貸）現金過不足　×××

不足（帳簿残高＞実際手許有高）の場合

（借）現金過不足　×××　（貸）現　　金　×××

また，現金過不足勘定は一時的な処理勘定であって，残高を次期に繰越すような勘定科目ではありません。そこで，期中に過不足の原因が判明すれば，該当する勘定科目に振替えます。もし，決算日になっても原因が不明な場合には，過剰分は**雑益（雑収入）勘定**という収益勘定に，また不足分は**雑損（雑損失）勘定**という費用勘定に振替えます。

過剰（帳簿残高＜実際手許有高）の原因判明時

（借）現金過不足　×××　（貸）○○○○　×××

※○○○○には原因となる勘定科目（たとえば受取配当金）が入る。

過剰なまま決算を迎えた場合

（借）現金過不足　×××　（貸）雑　　益　×××

不足（帳簿残高＞実際手許有高）の場合

（借）○○○○　×××　（貸）現金過不足　×××

※○○○○には原因となる勘定科目（たとえば通信費）が入る。

不足なまま決算を迎えた場合

（借）雑　　損　×××　（貸）現金過不足　×××

【第５章　練習問題】

次の一連の取引を仕訳しなさい。なお，当店では銀行と当座借越契約を結んでおり，借入限度額は￥500,000である。

５月１日　Ａ銀行で当座預金口座を開設し，現金￥300,000を預入れた。

３日　秋田商事より商品￥200,000を仕入れ，代金は小切手を振出して支払った。

５日　岩手商店へ原価￥100,000の商品を￥150,000で販売し，代金のうち￥100,000は現金で，残額は岩手商店振出しの小切手で受取った。

10日　今月の家賃￥80,000を小切手を振出して支払った。

15日　秋田商事より商品￥100,000を仕入れ，代金のうち￥50,000は岩手商店振出しの小切手（５月５日受取）で支払い，残額は小切手を振出して支払った。

20日　青森商店へ原価￥70,000の商品を￥105,000で販売し，代金は青森商店振出しの小切手で受取り，ただちに当座預金へ預入れた。

25日　仙台商店へ原価￥130,000の商品を￥200,000で販売し，代金は５月３日に振出した当社振出しの小切手で受取った。

〈解答欄〉

日付	借 方 科 目	金 額	貸 方 科 目	金 額

6　商品売買に関する記帳処理(1)—分記法

齋藤正章

《目標＆ポイント》 商品売買に関する記帳処理のうち，分記法による記帳処理について理解を深めましょう。また，商品有高帳の記入方法についても学習しましょう。
《キーワード》 分記法，商品勘定，商品売買益勘定，付随費用，返品，商品有高帳，先入先出法，移動平均法

1．商品売買の記帳処理

商品売買は，経営活動の中心であり，その活動を的確に把握できるかどうかが会社の命運を左右するといっても過言ではありません。したがって，商品の売買取引をいかに記帳するかが重要なポイントとなります。

商品売買に関する記帳処理は，企業規模や業種によって異なりますが，分記法と3分法が代表的です。本章では分記法について説明し，3分法については次章で説明します。

2．分記法

分記法とは，商品を仕入れたときには，商品の仕入原価を**商品勘定**の借方に記入し，商品を販売したときには売上高を売上原価と売上利益とに区分し，売上原価を商品勘定の貸方に，売上利益を**商品売買益勘定**（収益勘定）の貸方にそれぞれ分けて記帳する方法です。

〔仕入時〕	（借）商　　　品	×××	（貸）○○○○	×××
〔販売時〕	（借）○○○○	×××	（貸）商　　　品	×××
			商品売買益	×××

仕入時の商品の相手勘定科目（貸方の○○○○部分）には，代金の支払手段（たとえば，現金，買掛金（かいかけきん），支払手形など）が入ります。なお，商品の仕入にかかった費用は商品の取得原価に含め，売上に伴う諸費用は独立の費用勘定で処理することに注意しましょう。

また，販売時の商品および商品売買益の相手勘定（借方の○○○○部分）には，代金の回収手段（たとえば，現金，売掛金（うりかけきん），受取手形など）が入ります。

【例題 6－1】次の取引を分記法で仕訳しなさい。

6 月 1 日　商品の前月繰越高は￥40,000である。

3 日　千葉商店から商品￥100,000（@￥1,000×100個）を掛けで仕入れた。

7 日　上記商品50個を￥60,000で文京商店に掛けで販売した。

（解答）6/1　仕訳なし

3	（借）商　　　品	100,000	（貸）買　掛　金	100,000
7	（借）売　掛　金	60,000	（貸）商　　　品	50,000
			商品売買益	10,000

（解説）「掛け」とは信用取引のことで，代金の後払いには買掛金（負債勘定），後受取りには売掛金（資産勘定）を使用します。

6/7 売上原価　@￥1,000×50個＝￥50,000

また，元帳（商品勘定と商品売買益勘定）への転記は，次ページのようになります。

商　品

6/1	前月繰越	40,000	6/7	売掛金	50,000
3	買掛金	100,000			

商品売買益

			6/7	売掛金	10,000

商品勘定を見ると，借方・貸方ともに原価で記録されているので，この例では帳簿上￥90,000の在庫があることがわかります。しかし，商品売買益は純額で記録されるので，売上高（￥60,000）を帳簿から知ることができません。したがって，分記法は在庫管理には適していますが，販売管理にはあまり適さないということがいえます。

また，分記法は，販売のつど原価を調べなければならないため，売買頻度の高い会社や取扱品目や数量の多い会社では，適用がなかなか困難であるといわれています。

(注)分記法の復活：分記法が適用困難であるといわれるのは，それを手計算で行うことを前提としたからです。しかし，最近ではPOSシステム（point of sales：販売時点情報管理）などの導入によって，分記法の問題は解消し，逆に分記法がもっている商品管理や利益管理上のメリットを活用することが可能となっています。

3．付随費用の処理

商品の購買にあたっては，商品代金に加えて，引取運賃，買入手数料，荷役費，保険料，関税，検収費等商品仕入に付随する費用を支払うことがありますが，これら**付随費用**（**仕入諸掛**といいます）は商品の仕入原価に算入します。これは，資産の取得に要したすべての費用は，その資産の取得原価に算入すべしとする**支払対価主義**という考え方に基づいています。

【例題6－2】次の取引を分記法で仕訳しなさい。

(1)　商品￥150,000を仕入れ，代金は掛けとした。なお，この商品の引取運賃￥5,000は小切手を振出して支払った。

(2)　商品￥520,000を仕入れ，代金は掛けとした。なお，先方負担の運送料￥12,000を現金で支払い，買掛金と相殺した。

（解答）

(1)	（借）	商　品	155,000	（貸）	買 掛 金	150,000
					当座預金	5,000
(2)	（借）	商　品	520,000	（貸）	買 掛 金	508,000
					現　金	12,000

（解説）

(1)は付随費用を自己負担するケースであり，(2)は先方負担分を立替えたケースです。この立替分を買掛金と相殺しています。

また，商品の販売時にも荷造費や送料等の付随費用がかかります。これを**売上諸掛**（うりあげしょがかり）といいます。売上諸掛が売手の負担になる場合には**発送費勘定**（費用勘定）の借方へ記入します。逆に買手の負担分を立替払いした場合には，売掛金に加算して請求するか立替金勘定（資産勘定）の借方へ記入します。なお，立替金勘定については第9章で説明します。

【例題６－３】次の取引を分記法で仕訳しなさい。

(1)　商品￥200,000（原価：￥150,000）を売渡し，代金は掛けとした。なお，この商品の発送運賃（当店負担）￥8,000は，小切手を振出して支払った。

(2)　商品￥300,000（原価：￥225,000）を売渡し，代金は掛けとした。なお，この商品の発送運賃（先方負担）￥10,000は，小切手を振出して支払った。

（解答）

(1)	（借）	売　掛　金	200,000	（貸）	商　　　品	150,000
					商品売買益	50,000
	（借）	発　送　費	8,000	（貸）	当 座 預 金	8,000
(2)	（借）	売　掛　金	310,000	（貸）	商　　　品	225,000
					商品売買益	75,000
					当 座 預 金	10,000

4．商品売買時の返品

通常の商品取引のほかに，商品勘定や商品売買益勘定への日常的な記入項目には商品の品違いによる返品（**仕入戻し**）があります。

これは仕入控除になるので商品勘定の貸方に記入します。

【例題６－４】次の取引を分記法で仕訳しなさい。

【例題６－２】(1)の商品について，品違いにつき，商品の一部￥10,000を返品した。

（解答）

（借）	買　掛　金	10,000	（貸）	商　　　品	10,000

逆に販売面では，販売商品の返品（**売上戻り**）が考えられます。売上戻りは売上控除になるので，分記法では商品勘定と商品売買益勘定の借方に記入します。

【例題6－5】次の取引を分記法で仕訳しなさい。

【例題6－3】(1)の商品について，汚れや傷つきのため，掛けで販売した商品の一部￥20,000が返品された。

（解答）

（借）	商　　品	15,000	（貸）	売　掛　金	20,000
	商品売買益	5,000			

5．商品の払出単価と期末棚卸高

（1）払出価額の計算

商品の払出価額は，次ページのように計算されます。

払出価額＝払出数量×払出単価

ここで，払出数量の計算方法には，(a)継続記録法と(b)棚卸計算法とがあります。また，払出単価については，同一の商品であっても，仕入先や仕入数量，仕入時期，支払方法などによって仕入単価が異なる場合があり，どの単価を適用するかが問題となります。この払出単価の計算方法には，①個別法，②先入先出法，③後入先出法，④移動平均法，⑤総平均法，⑥売価還元法などがあります。

これらをまとめると表6－1のようになります。

表6－1　払出数量と払出単価の計算方法

払出数量の計算方法	
(a)継続記録法	個々の品目ごとに受入，払出のつど，その数量および残高を継続的に記録する方法。
(b)棚卸計算法	期中に商品の受入のみを記録し，期末に実地棚卸によって棚卸数量を確認し，払出数量を計算する方法。
払出単価の計算方法	
①個別法	個々の仕入単価をもって払出単価とする方法。
②先入先出法	先に仕入れた商品から先に払出されるものとみなして払出単価を決定する方法。
③後入先出法	あとに仕入れた商品から先に払出されるものとみなして払出単価を決定する方法。
④移動平均法	単価の異なる商品を仕入れるつど，仕入金額と直前の帳簿残高の合計額を，仕入数量と残高数量の合計で割って加重平均単価を求め，これを払出単価とする方法。
⑤総平均法	払出しのときは数量のみを記録しておき，一期間の仕入総額を仕入総量で割って総平均単価を求め，これをその期間中すべての払出単価とする方法。
⑥売価還元法	小売業や百貨店など取扱品目の多い業種に用いられる方法で，期末に商品を売価で棚卸し，これに原価率を掛けて期末棚卸商品の原価を算定する方法。

(2) 商品有高帳

商品の受入，払出は商品有高帳（補助簿）に記録されます。

次に商品有高帳の記入例を示しましょう。まず，仕入は受入欄に，販売は払出欄に記入します。仕入，販売ともに販売単価は取得原価で記入することに注意しましょう。仕入戻しは受入欄に赤字記入し，売上戻りは払出欄に赤字記入します。

【例題6－6】今期のＶ商品の仕入および売上取引は以下のとおりである。(1)先入先出法，(2)移動平均法によって商品有高帳に記帳しなさい。

		数量	単価
7月1日	前月繰越	100個	¥200
2日	仕　　入	400個	¥210
5日	売　　上	300個	¥350
10日	仕　　入	100個	¥220
18日	仕入戻し	30個	¥220
20日	売　　上	240個	¥350
25日	売上戻り	20個	¥350
31日	次月繰越	50個	

(解答)　(1)　先入先出法

商品有高帳

(先入先出法)　品名：V

日付		摘要	受入			払出			残高		
			数量	単価	金額	数量	単価	金額	数量	単価	金額
7	1	前月繰越	100	200	20,000				100	200	20,000
	2	仕　入	400	210	84,000				100	200	20,000
									400	210	84,000
	5	売　上				100	200	20,000			
						200	210	42,000	200	210	42,000
	10	仕　入	100	220	22,000				200	210	42,000
									100	220	22,000
	18	**仕入戻し**	**30**	**220**	**6,600**				200	210	42,000
									70	220	15,400
	20	売　上				200	210	42,000			
						40	220	8,800	30	220	6,600
	25	**売上戻り**				**20**	**220**	**4,400**	50	220	11,000
	31	**次月繰越**				**50**	**220**	**11,000**			
			570		119,400	570		119,400			
8	1	前月繰越	50	220	11,000				50	220	11,000

(解答)　(2)　移動平均法

商品有高帳

(移動平均法)　品名：V

日付		摘要	受入			払出			残高		
			数量	単価	金額	数量	単価	金額	数量	単価	金額
7	1	前月繰越	100	200	20,000				100	200	20,000
	2	仕　入	400	210	84,000				500	208	104,000
	5	売　上				300	208	62,400	200	208	41,600
	10	仕　入	100	220	22,000				300	212	63,600
	18	**仕入戻し**	**30**	**220**	**6,600**				270	211.1	57,000
	20	売　上				240	211.1	50,667	30	211.1	6,333
	25	**売上戻り**				**20**	**211.1**	**4,222**	50	211.1	10,555
	31	**次月繰越**				**50**	**211.1**	**10,555**			
			570		119,400	570		119,400			
8	1	前月繰越	50	211.1	10,555				50	211.1	10,555

【第６章　練習問題】

【問１】次の取引を分記法で仕訳しなさい。

(1)　商品￥150,000を仕入れ，代金は掛けとした。なお，この商品の引取運賃（当方負担）￥5,000は，小切手を振出して支払った。

(2)　商品￥200,000（原価：￥150,000）を売渡し，代金は掛けとした。なお，この商品の発送運賃（当店負担）￥8,000は，小切手を振出して支払った。

(3)　商品￥520,000を仕入れ，代金は掛けとした。なお，先方負担の運送料￥12,000を現金で立替払いし，買掛金と相殺した。

(4)　商品￥300,000（原価：￥225,000）を売渡し，代金は掛けとした。なお，この商品の発送運賃（先方負担）￥10,000は，小切手を振出して立替払いした。

(5)　(1)の商品について，品違いにつき，商品の一部￥10,000を返品した。

(6)　(2)の商品について，汚損のため，掛けで販売した商品の一部￥20,000が返品された。

日付	借方科目	金額	貸方科目	金額
(1)				
(2)				
(3)				
(4)				
(5)				
(6)				

【問２】次の仕入帳と売上帳に基づいて，先入先出法によって下記の商品有高帳に記入し，かつ６月中の売上原価および売上総利益を計算しなさい。

仕　入　帳

令和×年		摘		要		金　額
6	9	船橋商店	トレーナー	30枚	@¥7,000	¥210,000
	20	市川商店	トレーナー	40枚	@¥7,200	¥288,000

売　上　帳

令和×年		摘		要		金　額
6	12	高尾商店	トレーナー	40枚	@¥9,000	¥360,000
	25	鶴見商店	トレーナー	30枚	@¥9,500	¥285,000

商　品　有　高　帳

先入先出法　　品名：高級トレーナー　　(単位：円)

令和×年		摘　要	受　入			引　渡			残　高		
			数量	単価	金　額	数量	単価	金　額	数量	単価	金　額
6	1	前月繰越	20	6,000	120,000				20	6,000	120,000

売上原価の計算

期首商品棚卸高	¥
当期仕入高	¥
計	
期末商品棚卸高	¥
売上原価	¥

売上総利益の計算

売上高	¥
売上原価	¥
売上総利益	¥

7　商品売買に関する記帳処理(2)—３分法

齋藤正章

《目標＆ポイント》　商品売買に関する記帳処理のうち，３分法による記帳処理について理解を深めましょう。とりわけ，決算時に行われる売上原価を求める処理についての理解が重要です。
《キーワード》　３分法，仕入勘定，売上勘定，繰越商品勘定，売上原価

1.　3分法（3分割法）

商品売買取引には，購買活動，販売活動，在庫管理活動があります。

３分法とは，この商品取引を**仕入勘定**（費用勘定），**売上勘定**（収益勘定），**繰越商品勘定**（資産勘定）の３つの勘定に分けて記入する方法です。当期の仕入高は仕入勘定の借方に，売上高は売上勘定の貸方にそれぞれ総額で記入されます。また，繰越商品勘定には期首・期末の在庫高のみが記録されます。

〔仕入時〕	（借）	仕　　入	×××	（貸）	○○○○	×××
〔販売時〕	（借）	○○○○	×××	（貸）	売　　上	×××
〔決算時〕	（借）	仕　　入	×××	（貸）	繰越商品	×××
	（借）	繰越商品	×××	（貸）	仕　　入	×××

仕入時，販売時の相手勘定科目（○○○○の部分）は分記法の場合と同じです。

【例題７－1】次の取引を３分法で仕訳しなさい。

6月1日　商品の前月繰越高は￥40,000である。

　3日　千葉商店から商品￥100,000（@￥1,000×100個）を掛けで仕入れた。

　7日　上記商品50個を￥60,000で文京商店に掛けで販売した。

（解答）

6/1　仕訳なし

3	（借）仕　入	100,000		（貸）買掛金	100,000
7	（借）売掛金	60,000		（貸）売　上	60,000

繰越商品

6/1 前月繰越　40,000	

また，元帳（仕入勘定，売上勘定）への転記は以下のようになります。

仕　入

6/3 買掛金　100,000	

売　上

	6/7 売掛金　60,000

この仕訳を見ると，商品の購入時（仕入活動）および販売時（販売活動）の記帳処理が分業化できているのがわかります。

次に，付随費用の処理や商品売買時の返品についての処理を練習してみましょう。

【例題７－２】次の取引を３分法で仕訳しなさい。

⑴　商品￥150,000を仕入れ，代金は掛けとした。なお，この商品の引取運賃￥5,000は小切手を振出して支払った。

⑵　商品￥520,000を仕入れ，代金は掛けとした。なお，先方負担の運送料￥12,000を現金で支払い，買掛金と相殺した。

⑶　商品￥200,000（原価：￥150,000）を売渡し，代金は掛けとした。なお，この商品の発送運賃（当店負担）￥8,000は，小切手を振出して支払った。

⑷　商品￥300,000（原価：￥225,000）を売渡し，代金は掛けとした。なお，この商品の発送運賃（先方負担）￥10,000は，小切手を振出して支払った。

⑸　⑵の商品について，品違いにつき，商品の一部￥10,000を返品した。

⑹　⑶の商品について，掛けで販売した商品の一部￥20,000が返品された。

（解答）

⑴	（借）	仕　　入	155,000	（貸）	買 掛 金	150,000
					当座預金	5,000
⑵	（借）	仕　　入	520,000	（貸）	買 掛 金	508,000
					現　　金	12,000
⑶	（借）	売 掛 金	200,000	（貸）	売　　上	200,000
		発 送 費	8,000		当座預金	8,000
⑷	（借）	売 掛 金	310,000	（貸）	売　　上	300,000
					当座預金	10,000
⑸	（借）	買 掛 金	10,000	（貸）	仕　　入	10,000
⑹	（借）	売　　上	20,000	（貸）	売 掛 金	20,000

2．売上原価の計算

3分法で売上利益（分記法の商品売買益にあたる）を計算しようとする場合，個々の取引ごとに売上利益が確認されていないので，期末に当該会計期間の売上利益をまとめて算定するという手続きが必要となります。このときの売上利益を**売上総利益**といいます。

売上総利益は，次のように計算されます。

売上総利益＝売上高－売上原価

この売上総利益を計算するためには，売上原価を確定する必要があります。売上原価を分解すると上式は次のようになります。

売上総利益＝売上高－（期首繰越高＋当期純仕入高－期末棚卸高）

ここで，売上高は売上勘定の貸方残高として，期首繰越高は繰越商品勘定の借方残高として，当期仕入高は仕入勘定の借方残高としてそれぞれ把握されます。しかし，期末棚卸高は，いずれの勘定からも確認することができないため，期末に実地棚卸する必要があります。

いま，【例題7－1】において実地棚卸の結果，期末棚卸高が¥90,000であったとすると，売上総利益は次のように¥10,000と計算されます。

売上総利益＝¥60,000－（¥40,000＋¥100,000－¥90,000）
＝¥10,000

それでは，勘定記入によって売上原価を計算してみましょう。売上原価の計算は仕入勘定で行う方法と，売上原価勘定を新たに設けて計算する方法がありますが，ここでは仕入勘定で行う方法を紹介しましょう。

この場合，仕入勘定の借方に繰越商品勘定の借方残高を振替え，

（借）仕　　入　×××　　　（貸）繰越商品　×××

次に，期末商品棚卸高を仕入勘定の貸方から繰越商品勘定の借方に振替えます。

（借）繰越商品　×××　　　（貸）仕　　入　×××

仕入勘定の貸借差額として売上原価が計算されます。

仕　　入

当期純仕入高	期末商品棚卸高
期首商品繰越高	} 売上原価

繰越商品

期首商品繰越高	期首商品繰越高
期末商品棚卸高	} 次期繰越高

これを例題にあてはめてみると，次のようになります。

（借）仕　　入　40,000　　　（貸）繰越商品　40,000

（借）繰越商品　90,000　　　（貸）仕　　入　90,000

仕　　入

当期仕入高	100,000	期末棚卸高	90,000
期首繰越高	40,000	} 売上原価	50,000

繰越商品

期首繰越高	40,000	期首繰越高	40,000
期末棚卸高	90,000	} 次期繰越高	90,000

【例題７－３】次の取引を３分法によって仕訳しなさい。

6月1日　6月1日現在の商品の手許有高は次のとおりである。

輸入腕時計　25本　@￥5,600

3日　品川商事より商品60本を@￥5,800で仕入れ，代金は掛けとした。

8日　川崎商店へ商品36本を@￥10,000で売渡し，代金は掛けとした。

20日　大崎商店へ商品12本を@￥9,500で売渡し，代金は現金で受取った。

30日　本日，決算を迎えた。なお，商品の実地棚卸高は￥214,600である。

（解答）

6月3日	（借）仕　入	348,000	（貸）買掛金	348,000
8日	（借）売掛金	360,000	（貸）売　上	360,000
20日	（借）現　金	114,000	（貸）売　上	114,000
30日	（借）仕　入	140,000	（貸）繰越商品	140,000
	繰越商品	214,600	仕　入	214,600

元帳への転記を示すと以下のようになります。

仕　入

6/3	買掛金	348,000	6/30	繰越商品	214,600
30	繰越商品	140,000			

繰越商品

6/1	繰越高	140,000	6/30	仕　入	140,000
30	仕　入	214,600			

売　上

			6/8	売掛金	360,000
			20	現　金	114,000

仕入勘定で計算される売上原価￥273,400（＝￥348,000＋￥140,000－￥214,600）と総売上高￥474,000（＝￥360,000＋￥114,000）は損益勘定へ振替えられ，売上総利益が￥200,600（￥474,000－￥273,400）が計算されます。

６月30日	(借) 損	益	273,400	(貸) 仕	入	273,400
	(借) 売	上	474,000	(貸) 損	益	474,000

仕　　入

日付	摘要	金額	日付	摘要	金額
6/3	買掛金	348,000	6/30	繰越商品	214,600
30	繰越商品	140,000	〃	損　益	273,400

売　　上

日付	摘要	金額	日付	摘要	金額
6/30	損　益	474,000	6/8	売掛金	360,000
			30	現　金	114,000

損　　益

日付	摘要	金額	日付	摘要	金額
6/30	仕　入	273,400	6/30	売　上	474,000

また，繰越商品勘定の残高は期末商品有高に更新されていることを確認しましょう。

【第７章　練習問題】

次の取引を３分法で仕訳し，かつ転記して締切りなさい（ただし，損益勘定は締切らなくてよい)。なお，期首６月１日現在の商品棚卸高は，￥145,000である。

６月４日　商品￥335,000を仕入れ，代金は掛けとした。なお，引取運賃￥25,000は，小切手で支払った。

　９日　４日に仕入れた商品のうち，不良品￥10,000を返品した。

　13日　商品￥180,000を売却し，代金は掛けとした。なお，この商品の発送運賃￥15,000（先方負担）は，小切手で支払った。

　16日　商品￥230,000を売却し，代金は掛けとした。なお，この商品の発送運賃￥20,000（当方負担）は，小切手で支払った。

　24日　16日に売却した商品のうち，￥20,000が品質不良のため返品された。

　30日　決算にあたり，売上原価および純売上高を損益勘定に振替えた。ただし，期末商品棚卸高は，￥120,000である。

日付	借方科目	金額	貸方科目	金額
6/4				
9				
13				
16				
24				
30				

繰越商品

売　上

仕　入

損　益

8　営業上の債権・債務に関する記帳処理

齋藤正章

《目標＆ポイント》　債権・債務とは何かについて概観したあと，商品売買において重要な勘定科目である売掛金と買掛金について理解しましょう。また，統括勘定，貸倒れの処理についても学習します。
《キーワード》　売掛金，クレジット売掛金，買掛金，統括勘定，貸倒損失，貸倒引当金，償却債権取立益

1．債権・債務

商品その他の資産の売買を行う場合には，商慣習上，その場で現金決済する**現金取引**よりも，一定期間後に現金決済を行う**信用取引**が多用されます。こうした信用取引および金銭の貸借取引では，当事者間に一定の権利・義務が発生します。つまり，一方の当事者には一定期間後に一定の財貨を請求する権利である**債権**が発生し，もう一方の当事者には一定期間後に一定の財貨を支払う義務である**債務**が発生します。前者は債権者，後者は債務者と呼ばれます。

図8－1　債権・債務

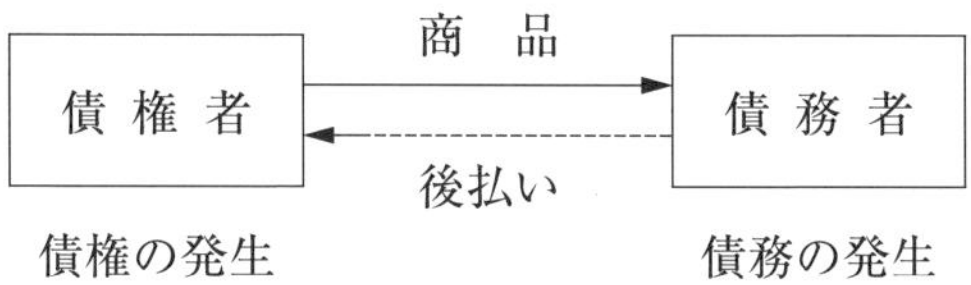

債権者 ―商品→ 債務者
債権者 ←後払い― 債務者

債権の発生　　債務の発生

表8－1　取引形態による債権・債務

○　主たる営業取引（具体的には商品売買）活動から生じる債権・債務
- ・売掛金と買掛金（信用取引）
- ・クレジット売掛金（信用取引）
- ・受取手形と支払手形（信用取引）
- ・電子記録債権と電子記録債務（信用取引）
- ・前払金（前渡金）と前受金（前払い等の取引）

○　営業取引以外の活動から生じる債権・債務
- ・未収入金と未払金（信用取引）
- ・営業外受取手形と営業外支払手形（信用取引）
- ・立替金と預り金（前払い等の取引）
- ・仮払金と仮受金（前払い等の取引）
- ・貸付金と借入金（金融取引）
- ・手形貸付金と手形借入金（金融取引）

簿記では，債権・債務に関する記帳処理を，商品売買という営業上の商取引（**営業取引**）に関するものと，それ以外の取引（**営業外取引**）に関するものに区分します。そして，その発生形態の相違によって表8－1に示すような勘定科目を用いて記帳します（なお，手形取引についてては第10章で解説します）。

2．売掛金と買掛金

商品売買における信用取引には，商品引渡し後の一定期間後に代金を支払う旨の証書（手形）を売買時に交付する**手形取引**と，単に一定期間後に代金を支払うことを約束する**掛取引**があります。

掛取引には，あとから代金をもらう約束で，商品を先に渡して売る**掛売り**と，あとから代金を支払う約束で，商品を買取る**掛買い**があります。掛取引の場合，販売側には商品を売渡すと同時に相手側に代金の支払を請求する権利が発生します。この権利を示す勘定科目として**売掛金勘定**（資産勘定）が用いられます。逆に購買側には，商品の買取りと同時に代金を支払う義務が発生し，この債務を示す勘定として**買掛金勘定**（負債勘定）が用いられます。

掛取引の一般的な記帳処理を示すと次のようになります。

掛売りのとき

（借）売 掛 金	×××		（貸）売　　上	×××

掛買いのとき

（借）仕　　入	×××		（貸）買 掛 金	×××

売 掛 金

掛売金額	回収金額

買 掛 金

支払金額	掛買金額

売掛金勘定は売上勘定の相手勘定科目であり，買掛金勘定は仕入勘定の相手勘定科目であるので，それぞれ**売上債権**，**仕入債務**と呼ばれます。

【例題8－1】次の取引を舞浜商会と浦安商店の立場から仕訳し，転記（売掛金，買掛金のみ）しなさい。

6月7日　舞浜商会が浦安商店へ商品￥200,000を販売し，代金は掛けとした。

7月7日　舞浜商会は先に浦安商店へ掛売りした￥200,000のうち￥80,000を現金で回収した。

（解答）

〈舞浜商会〉

6月7日	（借）売 掛 金	200,000	（貸）売　　上	200,000
7月7日	（借）現　　金	80,000	（貸）売 掛 金	80,000

売　掛　金

6/7 売　上	200,000	7/7 現　金	80,000

〈浦安商店〉

6月7日	(借) 仕　入	200,000		(貸) 買 掛 金	200,000
7月7日	(借) 買 掛 金	80,000		(貸) 現　金	80,000

買　掛　金

7/7 現　金	80,000	6/7 仕　入	200,000

3. 統括勘定と人名勘定

営業上特に重要な売掛金勘定の記録を得意先別の明細がわかるようにしたい場合には，得意先別の勘定口座を設けることができます。しかし，その数が多くなると元帳が煩雑かつ膨大になり，記帳処理の点からも，また損益計算書や貸借対照表といった財務諸表の基礎資料を提供するという元帳の機能の点からも望ましいとはいえなくなります。そこで，元帳には総括的な記録を行う売掛金勘定の勘定口座のみを設け（これを**統括勘定**または**統制勘定**といいます），より詳細な個別的記録は別の帳簿にそれぞれ必要な数の記録場所を設けて行うほうが元帳管理の面から有効となります。

こうした元帳の存在する勘定科目について，個別的な記録をする帳簿を**補助元帳**といいます。補助元帳の個別的な口座記録の合計額は，元帳における当該勘定科目の合計額に一致しなくてはなりません。したがって，後日，両者を照合することによって，元帳における勘定記入の正否が確認できることになります。

① 得意先元帳（売掛金元帳）

売掛金勘定の記入だけでは，得意先ごとの売掛金の増減や残高はわかりません。そこで，得意先ごとの売掛金の明細を記録するために補助簿を設けます。これを**得意先元帳**（または売掛金元帳）といいます。この帳簿には，各得意先の氏名や商店名を勘定科目とする**人名勘定**を設け，得意先ごとの売掛金の明細や増減を記録します。

総勘定元帳にある売掛金勘定と補助簿である得意先元帳にある人名勘

図8－2　統括勘定と人名勘定

〈主要簿〉

総　勘　定　元　帳

売　　掛　　金　　5

日付		摘　要	仕丁	借　方	日付		摘　要	仕丁	貸　方
8	1	前月繰越	✓	120,000	8	15	売　上	1	30,000
	10	売　上	1	100,000		20	現　金	1	60,000
						31	**次月繰越**	✓	**130,000**

〈補助簿〉

得　意　先　元　帳

舞　浜　商　会

日付		摘　要	借　方	貸　方	貸/借	残　高
8	1	前　月　繰　越	70,000		借	70,000
	10	商　品　掛　売　り	100,000		〃	170,000
	20	現　金　回　収		50,000	〃	120,000
	31	**次　月　繰　越**		**120,000**		
			170,000	170,000		
9	1	前　月　繰　越	120,000		借	120,000

多　摩　商　事

日付		摘　要	借　方	貸　方	貸/借	残　高
8	1	前　月　繰　越	50,000		借	50,000
	15	返　　　品		30,000	〃	20,000
	20	現　金　回　収		10,000	〃	10,000
	31	**次　月　繰　越**		**10,000**		
			50,000	50,000		
9	1	前　月　繰　越	10,000		借	10,000

定を例示すると図８−２のようになります。

なお，売掛金について，売掛金勘定と人名勘定の記入の正否を検証するために，得意先ごとの残高を１つの集計表にした**売掛金明細表**を作成することがあります（図８−３）。

図８−３　売掛金明細表

売掛金明細表

×１年８月31日

舞浜商会	¥120,000
多摩商事	¥10,000
	¥130,000

②　仕入先元帳（買掛金元帳）

仕入先ごとに買掛代金の明細を記入する補助元帳で，口座の設定および記入方法は得意先元帳に準じます。なお，買掛金についても，売掛金と同様に買掛金明細表を作成することがあります。

４．クレジット売掛金

エンドユーザーに商品を販売する会社では，顧客からクレジットカードでの決済を求められる場合があります。このとき会社は，顧客に対する債権（売掛金）ではなくクレジットカード会社（信販会社）に対する債権を計上します。この債権を**クレジット売掛金**といいます。クレジットカード取引の会社側にとってのメリットは，支払代金の回収を信販会社が代わりに行うため，次節で述べる貸倒れリスクから解放されることです。また，デメリットとしては，そのための手数料を支払わなければならないことや資金回収のタイミングが信販会社に左右されるという点をあげることができます。簿記会計上では，信販会社に対する手数料を計上することが重要になります。

【例題8－2】次の取引を仕訳しなさい。

8月10日　商品￥200,000を販売し，代金はクレジットカード決済とした。なお，顧客のクレジットカード利用にかかる信販会社に対する手数料は販売代金の5％であり，販売時に信販会社に対する債権から差引いている。

9月20日　上記の取引に対し，信販会社から手数料を差引いた販売代金が当社の普通預金口座に振込まれた。

（解答）

8月10日	（借）	クレジット売掛金	190,000	（貸）	売　　上	200,000
		支払手数料	10,000			
9月20日	（借）	普通預金	190,000	（貸）	クレジット売掛金	190,000

5．前払金と前受金

商品売買の信用取引が行われる一方で，商品購入を確実にするために，商品売買に先だって商品代金の一部または全部を予約金（あるいは内金）として前払いすることがあります。この予約金の受払いに際しては，支払側には相手側から商品の引渡しを受ける権利が発生します。逆に，受取側は相手側に商品を引渡す義務が発生します。この権利・義務を処理する勘定として，**前払金**（あるいは**前渡金**）**勘定**と**前受金勘定**が用いられます。

〈内金の支払時〉

（借）	前払金	×××	（貸）	現　　金	×××

〈内金の受取時〉

（借）	現　　金	×××	（貸）	前受金	×××

前払金	
前払金額	（権利の消滅）

前受金	
（義務の消滅）	前受金額

【例題８－3】次の取引を当事者別に仕訳しなさい。

(1)　板橋商店は，２週間後に北商会へ商品￥200,000を販売する契約を結び，内金として￥30,000を現金で受取った。

(2)　２週間後，上記の契約どおり商品を売渡し，残金を北商会振出の小切手で受取った。

（解答）

(1)　板橋商店

（借）	現　　金	30,000	（貸）前受金	30,000

北商会

（借）	前払金	30,000	（貸）現　　金	30,000

(2)　板橋商店

（借）	現　　金	170,000	（貸）売　　上	200,000
	前受金	30,000		

北商会

（借）	仕　　入	200,000	（貸）当座預金	170,000
			前払金	30,000

6．貸倒引当金

（1）貸倒損失と貸倒引当金

商品売買に伴う売掛金や受取手形（両者を合わせて売上債権といいます）は，得意先企業の経営悪化や倒産などによって，債権金額を回収できなくなるという貸倒れの危険性を有しています。

ある年度に発生した債権がその会計期間に貸倒れとなった場合は，**貸倒損失勘定**という費用勘定で処理します。

（借）貸倒損失　×××　　（貸）売 掛 金　×××

しかし，貸倒れが次期以降に発生することも予想されます。その場合，予想される貸倒額をあらかじめ見積計上することによって，次期以降に発生するであろう貸倒れに備える**引当て**という会計手続を行います。というのは，貸倒れになるのが次期以降であっても，その原因となる売上債権の残高は当期の取引に関係したものであり（売上収益はすでに計上されています），次期以降に予想される貸倒額は当期の売上収益を稼得するための費用であると考えられるからです。それゆえ，適正な期間損益を算定するためには，その見積額を売上債権の残高から控除し，これを当期の費用として計上しなくてはならないのです。

期末の売上債権に含まれる貸倒見積額を**貸倒引当金繰入勘定**（費用勘定）の借方に記入するとともに，売上債権の勘定残高を同額控除する必要があります。しかし，期末現在では貸倒れが実際に発生しているわけではありませんから，売上債権の勘定残高から貸倒見積額を直接控除することは適切ではありません。貸倒れがまだ発生していないにもかかわらず，取引先に対する売上債権を減額することはできないからです。そこで，売上債権の勘定残高から貸倒見積額を直接控除しないで，**貸倒引当金勘定**を設けてその貸方に記入します。仕訳を示すと次のようになります。

（借）貸倒引当金繰入　×××　　（貸）貸倒引当金　×××

貸倒引当金は，その残高を売上債権勘定の期末残高から差引くことによって次期以降の回収可能な売上債権額を間接的に表示する機能を果たします。この貸倒引当金のようにある勘定の現在高を評価し直して，金額を修正する役割をもった勘定を**評価勘定**といいます。

なお，次期になって実際に貸倒れが発生した場合には，前期末に設定した貸倒引当金を取崩すとともに取立不能となった売上債権を減額します。すなわち，実際の貸倒額を貸倒引当金勘定へ借方記入するとともに，同額を売掛金または受取手形勘定の貸方に記入します。取立不能となったのが売掛金の場合，次の仕訳を行って処理します。

（借）貸倒引当金　×××　　（貸）売　掛　金　×××

貸倒引当金の残高以上の貸倒れが発生した場合には，貸倒引当金を取崩しても不足します。この場合の不足額は**貸倒損失勘定**で処理します。仕訳は次のようになります。

（借）貸倒引当金　×××　　（貸）売　掛　金　×××
　　　貸 倒 損 失　×××

このように貸倒損失勘定は，前述のように①当期に発生した債権が当期中に貸倒れとなった場合と，②前期またはそれ以前の債権が当期になって貸倒れとなって，前期に設定した貸倒引当金残高を取崩しても不足するときの不足額を処理する場合があります。

【例題８−４】次の取引を仕訳しなさい。

⑴　前期に計上した川上商店に対する売掛金￥10,000が貸倒れとなった。ただし，貸倒引当金残高が￥13,000ある。

⑵　前期に計上した川下商店に対する売掛金￥20,000が貸倒れとなった。ただし，貸倒引当金残高が￥13,000ある。

⑶　当期に計上した川中商店に対する売掛金￥20,000が貸倒れとなった。ただし，貸倒引当金残高が￥13,000ある。

（解答）

(1)	（借）貸倒引当金	10,000	（貸）売　掛　金	10,000
(2)	（借）貸倒引当金	13,000	（貸）売　掛　金	20,000
	貸 倒 損 失	7,000		
(3)	（借）貸 倒 損 失	20,000	（貸）売　掛　金	20,000

（2）差額補充法

期末に貸倒見積額を計上するとき，前期末に設定した貸倒引当金に残高がある場合の処理方法に差額補充法があります。差額補充法は，期末の売上債権に対して見積もられた貸倒見積額と期末の貸倒引当金残高を比較してその差額だけを計上する方法です。この場合，３つのケースが考えられます。

①　貸倒引当金の残高＝貸倒見積額のケース

貸倒引当金の追加計上は行われません。

②　貸倒引当金の残高＜貸倒見積額のケース

不足額だけ貸倒引当金を追加計上します。

（借）貸倒引当金繰入　×××　　（貸）貸倒引当金　×××

③　貸倒引当金の残高＞貸倒見積額のケース

超過額だけ貸倒引当金を減額し，同額を**貸倒引当金戻入勘定**（収益勘定）の貸方に記入します。

（借）貸倒引当金　×××　　（貸）貸倒引当金戻入　×××

【例題８－５】次の取引を差額補充法および洗替法によって仕訳しなさい。

(1)　決算にあたり，売掛金期末残高￥1,200,000に対し貸倒実績に基づき３％の貸倒れを見積もった。ただし，貸倒引当金残高が￥13,000ある。

⑵　決算にあたり，売掛金期末残高￥400,000に対し貸倒実績に基づき３％の貸倒れを見積もった。ただし，貸倒引当金残高が￥13,000ある。

（解答）

⑴　（借）貸倒引当金繰入　23,000　　（貸）貸 倒 引 当 金　23,000

貸倒見積額￥1,200,000×0.03＝￥36,000，貸倒引当金残高が￥13,000あるので，差額の￥23,000を補充します。

⑵　（借）貸 倒 引 当 金　1,000　　（貸）貸倒引当金戻入　1,000

貸倒見積額￥400,000×0.03＝￥12,000，貸倒引当金残高が￥13,000あるので，差額の￥1,000を減額します。

（３）償却債権取立益

貸倒れとして処理した売上債権が，次期以降の得意先の資産処分もしくは業績の回復によってまれに回収できる場合があります。そのとき，回収額を**償却債権取立益勘定**（収益勘定）に貸方記入し，借方には回収した資産の勘定に借方記入します。

【例題８−６】次の取引を仕訳しなさい。

前期に貸倒れとして処理した横浜商店に対する売掛金￥100,000のうち￥60,000が現金で回収された。

（解答）

（借）現　　　　金　60,000　　（貸）償却債権取立益　60,000

【第 8 章　練習問題】

山梨商事の次の取引を仕訳し，元帳に転記し，12月31日の日付で締切りなさい。

〈12月中の取引〉

1 日　静岡商店より商品￥280,000を仕入れ，代金は掛けとした。

5 日　掛川商店より商品￥120,000を仕入れ，代金のうち￥45,000は小切手を振出して支払い，残額は掛けとした。

9 日　浜松商店へ商品￥160,000を売却し，代金は掛けとした。

15日　9 日に売却した商品のうち，￥10,000は品違いにつき返品された。

18日　豊橋商店に商品￥215,000を売却し，￥125,000は同店振出しの小切手で受取り，残額は掛けとした。

24日　静岡商店へ買掛金のうち，￥150,000を小切手を振出して支払った。

31日　浜松商店から売掛金のうち，￥75,000を同店振出しの小切手で回収した。

日付	借方科目	金額	貸方科目	金額
12/ 1				
5				
9				
15				
18				
24				
31				

総勘定元帳

売掛金	

買掛金	

得意先元帳

浜松商店	

豊橋商店	

仕入先元帳

静岡商店	

掛川商店	

9　その他の債権・債務に関する記帳処理

齋藤正章

《目標＆ポイント》 営業外取引に関する債権・債務について，その内容と記帳処理について理解しましょう。勘定科目が多いので内容を整理しながら覚えるとよいでしょう。
《キーワード》 営業外取引，未収入金，未払金，貸付金，借入金，立替金，預り金，仮払金，仮受金

1．その他の債権・債務

売掛金・買掛金，クレジット売掛金，受取手形・支払手形(次章で説明します)といった売上債権・仕入債務以外の債権を，その他の債権・債務と呼びます。その他の債権・債務は，主として**営業外取引**に関して使われる勘定科目から構成されます。

2．未収入金と未払金

商品以外の資産，たとえば，有価証券や備品，車両運搬具といった固定資産の売買に際して，代金を後払いすることによって生じる債権・債務は，それぞれ**未収入金勘定**と**未払金勘定**で処理します。備品を売買した場合の仕訳と勘定の記入を示すと次のようになります（売却損益が存在しない場合)。

〈売却時：債権の発生〉

（借）未収入金　×××　　（貸）備　　品　×××

〈購入時：債務の発生〉

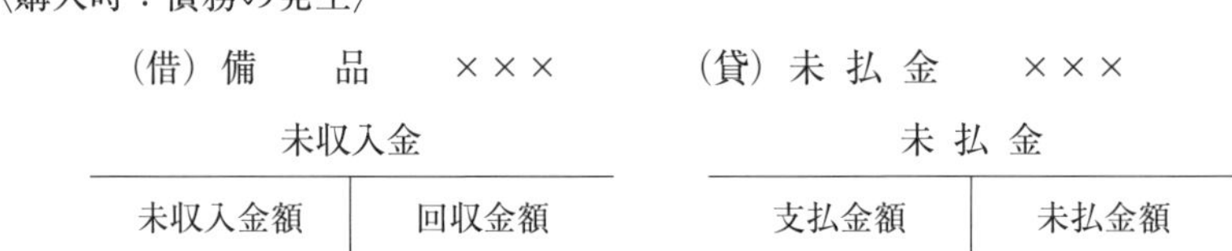

【例題９－１】次の取引を当事者別に仕訳しなさい。

中央商店は葛飾商事より建物￥970,000を購入し，代金のうち￥370,000は小切手を振出し，残額は翌月末に支払うことにした。

（解答）

〈中央商店〉

（借）建　　物	970,000	（貸）	当座預金	370,000
			未 払 金	600,000

〈葛飾商事〉

（借）現　　金	370,000	（貸）	建　　物	970,000
未収入金	600,000			

ところで，同じ後払いの債権・債務として売掛金，買掛金がありましたが，それとの違いはどうなっているのでしょうか。売掛金，買掛金と未収入金，未払金との違いは，売買の対象である物品が継続的，反復的な営業活動として取引されたものか，非継続的，臨時的な営業外活動として取引されたものかによって区別されます。たとえば，自動車の売買について考えてみましょう。自動車販売業者の場合，この業者が自動車を信用販売した場合は営業活動なので売掛金勘定で処理します。また，一般の小売会社の場合，所有する営業用自動車をこの業者に下取りさせたときの債権は，営業外活動なので未収入金勘定で処理します。

3. 貸付金と借入金

金銭の貸借に関わる取引は一般に**金融取引**と呼ばれます。企業は取引のある金融機関だけでなく，取引関係にある業者間でも必要に応じた金銭の貸借が商慣習上よく行われます。金銭貸借の形態には，①借用証書が授受される場合と②手形が交付される場合とがあります。①の場合に発生する債権・債務は，**貸付金勘定**と**借入金勘定**とで処理されます。②の場合は，**手形貸付金勘定**と**手形借入金勘定**とで処理されます(この詳細については次章で解説します)。

貸付金勘定は，借用証書に明記された日時に所定の金額を請求できる債権を示す勘定で，借入金勘定は，借用証書に明記された日時に所定の金額を返済すべき債務を示す勘定です。

なお，金銭貸借には利息が発生しますが，利息を先に授受する場合と，利息をあとで元本と一緒に授受する場合とがあります。利息を先に授受する場合の記帳処理を示すと次のようになります。

〈貸付時〉

(借)	貸付金	×××	(貸) 現金	×××
			受取利息	×××

〈借入時〉

(借)	現金	×××	(貸) 借入金	×××
	支払利息	×××		

貸付金	
貸付金額	回収金額

借入金	
返済金額	借入金額

【例題９－２】次の取引を当事者別に仕訳しなさい。

⑴　千代田商店は練馬商店に対し，借用証書（借入金額¥1,000,000，借入期間６か月，利率年５％，後払い）により¥1,000,000を小切手を振出して貸付けた。

⑵　支払期日になったので，千代田商店は，練馬商店から元利合計を同店振出の小切手で受取った。

（解答）

⑴　千代田商店

（借）	貸 付 金	1,000,000	（貸）当座預金	1,000,000

練馬商店

（借）	現　　金	1,000,000	（貸）借 入 金	1,000,000

⑵　千代田商店

（借）	現　　金	1,025,000	（貸）貸 付 金	1,000,000
			受取利息	25,000

練馬商店

（借）	借 入 金	1,000,000	（貸）当座預金	1,025,000
	支払利息	25,000		

4．立替金と預り金

従業員や役員などが本来支払うべき金額を企業が一時的に立替払いした場合，企業側には当該従業員等にその代金支払いを請求できる権利が発生します。たとえば，従業員が購入した土地や自動車の代金を立替払いした場合があげられます。この債権を処理する勘定として，**立替金勘定**が用いられます。ただし，誰に対する立替払いであるのか，あるいは何の立替払いであるのかを明示するために，従業員立替金勘定や土地購入立替金勘定といった勘定科目が用いられることもあります。

また，従業員等が企業外部の関係者に本来支払うべき資金を企業が一時的に預かった場合には，従業員等に代わって外部者に支払う義務が生じます。たとえば，従業員の健康保険料や所得税の源泉徴収額を預った場合があげられます。この債務を処理する勘定として，**預り金勘定**が用いられます。ただし，立替金の場合同様，誰の預り金であるのか，あるいは何の預り金であるのかを明示するために，従業員預り金勘定や健康保険料預り金勘定といった勘定科目が用いられることがあります。

立替金勘定と預り金勘定に関する記帳処理を示すと次のようになります。

〈立替払い時〉

(借)	立替金	×××	(貸) 現金	×××

〈預り時〉

(借)	現金	×××	(貸) 預り金	×××

立替金	
立替金額	徴収金額

預り金	
支払金額	預り金額

【例題9－3】次の取引を仕訳しなさい。

(1)　従業員の生命保険料￥50,000を現金で立替えた。

(2)　当月分の給料総額￥900,000を支給するにあたり，所得税の源泉徴収分￥70,000を差引き，残額を現金で支給した。

(解答)

(1)	(借) 従業員立替金	50,000	(貸) 現金	50,000
(2)	(借) 給料	900,000	(貸) 所得税預り金	70,000
			現金	830,000

5．仮払金と仮受金

金銭の受払いはあったが，その事由が不明確なために勘定科目が確定できない場合や，相手勘定はわかっているが金額が不確定で概算としての受払いとなっている場合があります。このとき，取引は生じているので，勘定科目や金額が確定するまでの一時的な債権・債務とみなして会計処理をすることが必要となります。たとえば，役員の指示を受けて一定金額を用立てた(勘定科目が不確定の)場合や，従業員の出張に先立って旅費概算額を渡した(金額が不確定の)場合などがあります。こうした債権・債務を処理する勘定科目として**仮払金勘定**と**仮受金勘定**が用いられます。この場合の記帳処理を示すと次のようになります。

〈支払い時〉

(借) 仮 払 金　×××　　(貸) 現　　金　×××

〈受取り時〉

(借) 現　　金　×××　　(貸) 仮 受 金　×××

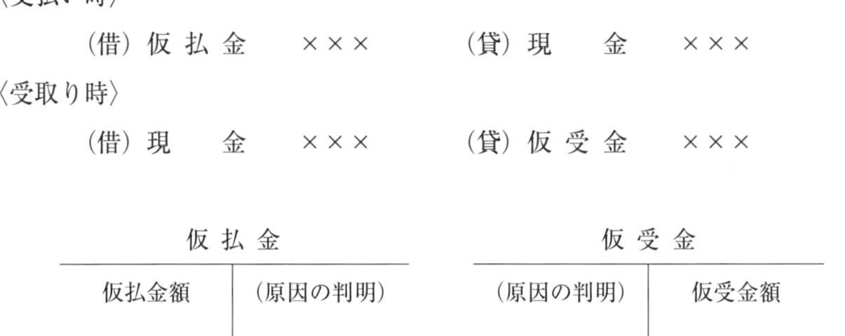

仮 払 金

仮払金額	(原因の判明)

仮 受 金

(原因の判明)	仮受金額

【例題 9－4】次の取引を仕訳しなさい。

6月10日　店員の出張にあたり，出張費として概算額￥80,000を現金で渡した。

12日　出張中の店員から当店の当座預金口座に￥450,000の振込みがあったが，その内容は不明である。

14日　店員が出張から戻り，12日の送金は，札幌商店に対する売掛金¥300,000の回収と小樽商店に対する未収入金¥150,000の回収であることが判明した。なお，出張費を精算したところ，旅費・交通費は¥75,000であり，残額を現金で受取った。

（解答）

6月10日	（借）	仮払金	80,000	（貸）	現金	80,000
12日	（借）	当座預金	450,000	（貸）	仮受金	450,000
14日	（借）	仮受金	450,000	（貸）	売掛金	300,000
					未収入金	150,000
	（借）	旅費・交通費	75,000	（貸）	仮払金	80,000
		現金	5,000			

【第 9 章　練習問題】

次の一連の取引を仕訳しなさい。なお，商品の売買は 3 分法により処理している。

12月 5 日　従業員の出張にあたり，旅費など費用概算額￥200,000を現金で渡した。

12日　先月末に事務用パソコン（備品）￥500,000を買入れた際に支払い未済となっていた残額￥200,000を小切手を振出して支払った。

15日　先に注文しておいた商品￥350,000を受取り，代金のうち￥100,000は注文時に支払った手付金と相殺し，残額は小切手を振出して支払った。なお，当座預金の預金残高は￥150,000であったが，借越限度額￥2,000,000の当座借越契約を結んでいる。当店は当座借越勘定を使用している。

20日　従業員に給料総額￥750,000を支給するにあたり，所得税の源泉徴収分￥100,000と従業員への立替分￥150,000を差引き，手取金を現金で支払った。

25日　出張中の従業員から￥300,000の振込みがあったが，その内容は不明である。

27日　従業員が出張から戻り，概算払い分を精算した。領収証によって報告を受けた旅費交通費は￥192,000であり，残額は現金で受取った。また，25日の振込みについては売掛金の回収であることが判明した。

日付	借 方 科 目	金　額	貸 方 科 目	金　額
12/ 5				
12				
15				
20				
25				
27				

10 手形等に関する記帳処理

齋藤正章

《目標&ポイント》 手形取引は，手形の種類によらず受取手形という債権と支払手形という債務に注目する点に注意しましょう。また，電子記録債権についても学習しましょう。
《キーワード》 受取手形，支払手形，手形決済，手形の裏書譲渡，電子記録債権，電子記録債務，営業外手形，金融手形

1．手形および手形の種類

手形とは，手形法に基づいて支払期日，支払金額，支払場所，支払人等が明示された有価証券のことをいいます。手形の債務者はこの約束に従って債務を弁済しなくてはなりません。第8章の売掛金や買掛金といった掛取引の場合には，支払期日や支払場所が明確に約束されていませんでした。しかし，手形取引の場合には，掛取引と同様の信用を前提とした後払いでありますが，受払いの条項が手形上に明記されている点に注意しましょう。

手形は，法律上，商業手形と金融手形に分類され，さらに振出形態の違いによって**約束手形**と**為替手形**とに区分されます。

2．約束手形の記帳処理

（1）約束手形

約束手形(略して約手(やくて))とは，手形の振出人が名宛人に対して，一定の

期日に，一定の金額を，一定の場所で支払うことを約束する手形をいいます。ここで，振出人とは，手形の作成者で，約束手形を振出したとき，手形金額を支払う義務(手形債務)を負う手形金額の支払人(手形債務者)を指します。また，名宛人とは，約束手形を受取ったとき，手形金額を受取る権利(手形債権)をもつ手形金額の受取人(手形債権者)を指します。なお，名宛人が手形を他に譲渡したときは，その指図人(譲受

図 10－1　約束手形の記入例

収入印紙

No. 35

約束手形　No. AF0419

東京都世田谷区××1－2－3

世田谷商店　世田谷一郎　殿

(金額)　¥123,000※

上記金額をあなたまたはあなたの指図人へこの約束手形と引替にお支払いいたします

令和××年7月8日

振出地 住所　千葉県千葉市美浜区若葉×－5－6

振出人　幕張商店　放送太郎　印

支払期日　令和××年9月8日

支払地　千葉県千葉市美浜区

支払場所　株式会社 幕張銀行本店

千葉 82-0425

(表面)

表記金額を下記被裏書人またはその指図人へお支払下さい
令和　年　月　日　拒絶証書不要
住所

(目的)
被裏書人　殿

表記金額を下記被裏書人またはその指図人へお支払下さい
令和　年　月　日　拒絶証書不要
住所

(目的)
被裏書人　殿

表記金額を下記被裏書人またはその指図人へお支払下さい
令和　年　月　日　拒絶証書不要
住所

(目的)
被裏書人　殿

表記金額を下記被裏書人またはその指図人へお支払下さい
令和　年　月　日　拒絶証書不要
住所

(目的)
被裏書人　殿

表記金額を受取りました。
令和　年　月　日
住所

(裏面)

人）が手形債権者となります。

約束手形の記入例を示すと，図 10－1のようになります。約束手形の振出人は幕張商店の放送太郎で，約束手形金額の支払義務を負います。手形の宛先である名宛人は世田谷商店の世田谷一郎で，この手形を受入れることにより手形金額を受取る権利をもちます。

（2） 手形の記帳ルール

簿記では，約束手形，為替手形という手形の種類に関係なく，手形取引に伴って発生，消滅した手形債権，手形債務だけを記録します。手形債権の発生と消滅を記録する勘定として**受取手形勘定**（資産勘定）を用います。また，手形債務の発生と消滅を記録する勘定として**支払手形勘定**（負債勘定）を用います。

受取手形勘定は，約束手形を受取って手形債権が発生したとき，その手形金額を借方に記入します。また，手形金額を回収したとき，その金額を貸方に記入します。

支払手形勘定は，約束手形を振出して手形債務が発生したとき，その金額を貸方に記入します。また，手形金額の支払いにより手形債務が消滅したとき，その金額を借方に記入します。

〈手形債権の発生時〉

（借）受取手形　　×××　　（貸）売　　上　　×××

〈手形債務の発生時〉

（借）仕　　入　　×××　　（貸）支払手形　　×××

受取手形

（手形債権の発生） 約束手形の受入	（手形債権の消滅） 手形金額の回収

支払手形

（手形債務の消滅） 手形金額の支払	（手形債務の発生） 約束手形の振出

（3）約束手形の振出し

それでは，図10－1に示した約束手形の記入例によって約束手形の振出し，取立て，支払いについて具体的に考えてみましょう。

この手形から「幕張商店は世田谷商店から商品￥123,000を仕入れ，代金は約束手形＃35（振出日：7月8日，支払期日：9月8日，支払場所：幕張銀行本店）を振出して支払った。」という取引が読み取れます。

図10－2　約束手形の取引

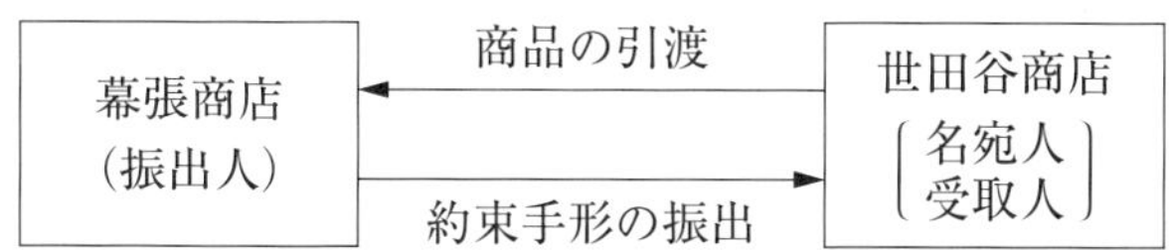

幕張商店は，手形を振出したことにより，手形債務が発生し，世田谷商店は手形を受取ることによって，手形債権が発生しました。したがって次の記帳処理が行われます。

〈幕張商店の仕訳〉

7月8日　（借）仕　　入　123,000　　（貸）支払手形　123,000

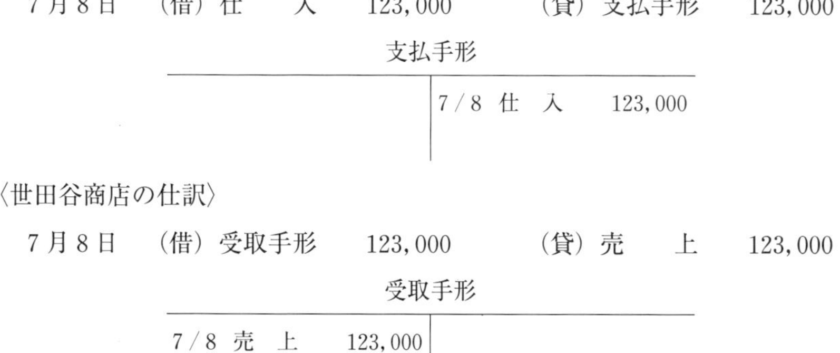

支払手形

	7/8 仕　入　123,000

〈世田谷商店の仕訳〉

7月8日　（借）受取手形　123,000　　（貸）売　　上　123,000

受取手形

7/8 売　上　123,000	

(4) 約束手形の取立て・支払い

世田谷商店には，受取った手形を①支払期日まで保有して手形金額を回収する，②支払期日前に金融機関で割引き，受取手形を現金化する（手形割引），③商品代金などの支払手段として他人に譲渡（裏書譲渡）するという3つの選択肢がありますが，ここでは支払期日までに保有していたケースを考えましょう。世田谷商店は，支払期日が近づくと手形代金の取立てを取引銀行に依頼します。取立て依頼された手形は，支払期日に手形交換所に交換呈示されます。支払銀行はこの手形を持ち帰り，幕張商店の当座預金口座から手形金額を引落とすことによって，手形は決済されます。

9月8日になり，幕張商店が世田谷商店宛の約束手形代金¥123,000を当店の当座預金口座から支払われた旨，取引銀行から通知を受けたとき，次の仕訳をします。

〈幕張商店の仕訳〉

9月8日	（借）	支払手形	123,000	（貸）当座預金	123,000

支払手形

9/8	当座預金	123,000	7/8	仕　　入	123,000

支払手形勘定を見ると，手形債務が消滅し，手形債務の残高がゼロになることがわかります。

また，世田谷商店は，取立て依頼をしていた幕張商店振出しの約束手形が期日に当店の当座預金口座に入金された旨，取引銀行から通知を受けたとき，次の仕訳をします。

〈世田谷商店の仕訳〉

9月8日	（借）	当座預金	123,000	（貸）受取手形	123,000

受取手形

7/8 売　　上	123,000	9/8 当座預金	123,000

受取手形勘定を見ると，手形債権が消滅し，手形債権の残高がゼロになることがわかります。

3. 電子記録債権・債務の記帳処理

電子記録債権は，電子記録債権法により，事業者の資金調達の円滑化等を図るために創設された新しい金銭債権です。

手形は資金決済に適する一方で，紙媒体であるためにその保管コストや印紙税といったコストが発生したり，紛失したり盗難されたりするリスクがあります。そこで，電子的な記録によって権利の内容を定め，取引の安全性・流動性の確保と利用者保護の要請に応える新たな制度が創設され，電子記録債権が生まれました。

電子記録債権の取引は以下のように行われます。

図10－3　電子記録債権の発生と消滅

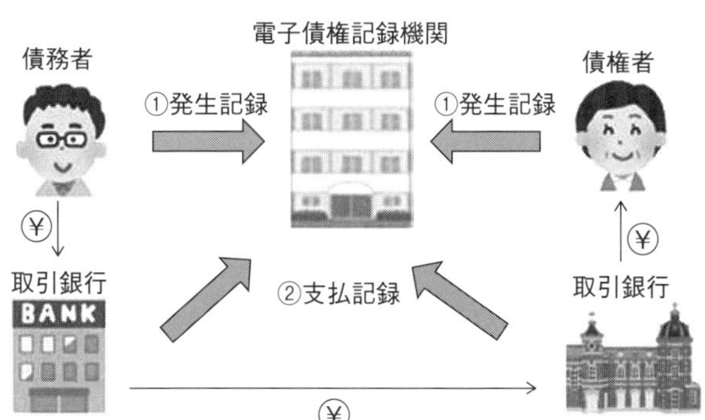

① 電子記録債権の発生

債権者と債務者の双方が電子債権記録機関に「発生記録」の請求をし，これにより電子債権記録機関が記録原簿に「発生記録」を行うことで電子記録債権は発生します。ここで，電子債権記録機関とは，記録原簿を備え，利用者の請求に基づき電子記録や債権内容の開示を行うこと等を主業務とする，電子記録債権の「登記所」のような存在で，主務大臣の指定を受けた専業の株式会社です。

② 電子記録債権の消滅

金融機関を利用して債務者口座から債権者口座に払込みによる支払いが行われた場合，電子記録債権は消滅し，電子債権記録機関は金融機関から通知を受けることにより遅滞なく「支払等記録」をします。

図 10－4　電子記録債権の譲渡

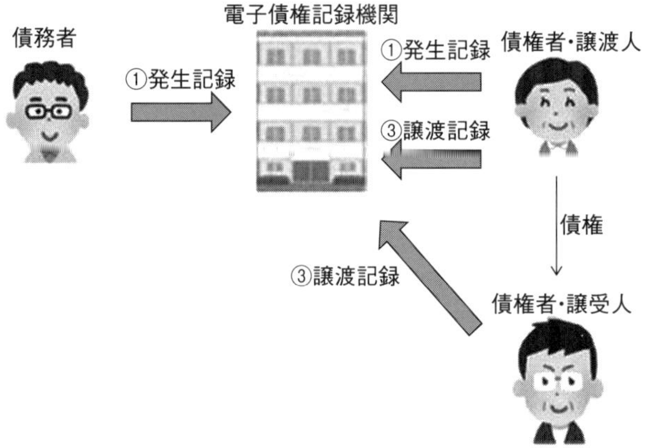

③ 電子記録債権の譲渡

譲渡人と譲受人の双方が電子債権記録機関に「譲渡記録」の請求をし，これにより電子債権記録機関が記録原簿に「譲渡記録」を行うことで電子記録債権を譲渡できます。

電子記録債権の記帳処理は，電子記録された債権・債務を記帳するので，勘定科目は違いますが，手形の記帳処理に準じます。

【例題10－2】島根商店は，鳥取商店に対する買掛金￥200,000の支払いを電子債権記録機関で行うため，取引銀行を通して債務の発生記録を行った。また，鳥取商店は取引銀行よりその通知を受けた。①島根商店および②鳥取商店の仕訳を示しなさい。

（解答）

〈島根商店〉

（借）買　　掛　　金　200,000　　　（貸）電子記録債務　200,000

〈鳥取商店〉

（借）電子記録債権　200,000　　　（貸）売　　掛　　金　200,000

【例題10－3】鳥取商店が電子債権記録機関に発生記録した上記の債権￥200,000の支払期日が到来し，同商店の普通預金口座に振込まれた。

（解答）

（借）普　通　預　金　200,000　　　（貸）電子記録債権　200,000

【例題10－4】島根商店が電子債権記録機関に発生記録した上記の債務￥200,000の支払期日が到来したので，同商店の当座預金口座から引落とされた。

（解答）

（借）電子記録債務　200,000　　　（貸）当　座　預　金　200,000

4．営業外手形と金融手形

これまでの約束手形と為替手形の説明は，営業上の商取引に関連したものであることを前提としていました。しかし，一般に手形は，固定資産の購入といった営業外の取引や金融取引にもよく利用されます。第8章で述べたように，簿記では営業上の商取引で発生した債権・債務とそれ以外の取引で発生した債権・債務を区別しなくてはなりませんので，勘定科目も自ずと異なってきます。

（1）営業外手形

固定資産などの売買に関連して手形が受払いされた場合，それに伴って発生する手形債権と手形債務は，売買された科目名を付した勘定科目によって処理されます。たとえば，車両運搬具の売買に関する仕訳を示すと次のようになります。

〈売却時〉

（借）	車両運搬具 売却受取手形	×××	（貸）	車両運搬具	×××

〈購入時〉

（借）	車両運搬具	×××	（貸）	車両運搬具 購入支払手形	×××

なお，発生する債権・債務の金額が小さく，貸借対照表上の総資産額の100分の1以内（1/100基準）の場合には，貸借対照表への記載にあたっては「営業外受取手形」，「営業外支払手形」と表示されます。

（2）金融手形

手形によって金銭貸借を行う場合，その手形を金融手形といいます。それに伴って発生する手形債権と手形債務は**手形貸付金勘定**（資産勘定）

と**手形借入金勘定**(負債勘定)を用いて処理します。仕訳を示すと次のようになります。

〈貸付時〉

(借)	手形貸付金	×××	(貸) 現　　金	×××

〈借入時〉

(借)	現　　金	×××	(貸) 手形借入金	×××

【第10章　練習問題】

【問１】次の一連の取引について池袋商店と駒込商会の仕訳を示しなさい。

(1)　池袋商店は駒込商会から商品￥800,000を仕入れ，代金は同会宛の約束手形を振り出して支払った。

(2)　上記約束手形の支払期日となり，それぞれの当座預金口座で手形代金が決済された。

店名	日付	借方科目	金　額	貸方科目	金　額
池袋	(1)				
	(2)				
駒込	(1)				
	(2)				

【問２】次の一連の取引について当店と鴨川商事の仕訳を示しなさい。

(1)　得意先鴨川商事へ商品￥500,000を販売し，同日に得意先が電子記録債務の発生記録の請求を行い，その通知が届いた。

(2)　上記の電子記録債権が鴨川商事の当座預金口座で決済され，当店の当座預金に入金があった旨，取引銀行から連絡を受けた。

店名	日付	借方科目	金　額	貸方科目	金　額
当店	(1)				
	(2)				
鴨川	(1)				
	(2)				

11 有形固定資産に関する記帳処理

齋藤正章

《目標&ポイント》 有形固定資産の種類，取得，売却について理解しましょう。また，減価償却の考え方や記帳処理についても併せて学びます。
《キーワード》 固定資産の取得，減価償却，固定資産の売却

1．固定資産の記帳処理

固定資産は，一般に有形固定資産，無形固定資産および投資その他の資産の3つに分類されます。ここでは，有形固定資産について解説します。

○ 有形固定資産

有形固定資産とは，建物，備品，車両運搬具，機械・装置，土地などのように企業が長期にわたって使用する目的の有形の資産をいいます。有形固定資産を取得したときは，その取得原価をそれぞれの資産勘定の借方に記入します。

有形固定資産

取　得　原　価	

取得原価には，固定資産それ自体に要した購入代金のほかに，仲介手数料，登記料，運賃，関税，据付費，試運転費などの営業の用に供するまでに要した付随費用も算入します。

固定資産の取得原価＝購入代金＋手数料・登記料などの付随費用

① 建物勘定

店舗，事務所，倉庫といった，企業が営業活動を行うために必要な建物を購入または新築したときは，**建物勘定**の借方に取得原価で記入します。この場合，取得原価には取得に要した付随費用のほかに暖房，照明，昇降機などの付属設備の支出も含めます。

使用中の建物について，改築または模様替えを行って使用中の建物の経済価値を高めたり，使用可能期間を延長させたときの支出は**資本的支出**と呼ばれ，建物勘定の借方に記入します。これに対し，使用中の建物が破損した場合の破損箇所の修繕や定期的な修繕のための支出は**収益的支出**と呼ばれ，**修繕費勘定**(費用勘定)を設け，その借方に記入します。

【例題 11－1】次の取引を仕訳しなさい。

(1) 営業用建物を購入し，代金¥5,500,000と仲介手数料および登記料¥220,000を小切手を振出して支払った。

(2) 建物の模様替えを行い，その代金¥800,000を小切手を振出して支払った。

(3) 屋根の雨漏りを修理し，代金¥300,000を現金で支払った。

(解答)

(1)	(借)	建　　物	5,720,000	(貸)	当座預金	5,720,000
(2)	(借)	建　　物	800,000	(貸)	当座預金	800,000
(3)	(借)	修 繕 費	300,000	(貸)	現　　金	300,000

② 備品勘定

営業用の机，椅子，応接セット，陳列ケース，金庫，コンピュータやコピー機などの事務機器などを購入したときは，**備品勘定**の借方にその取得原価で記入します。

備品に類するものであっても，その価額が比較的少額(10万円未満)であるとか使用期間が１年未満であるものを購入したときは，備品勘定で処理しないで，**消耗品費勘定**(費用勘定)の借方か**消耗品勘定**(資産勘定)の借方に記入します。

③　車両運搬具勘定

営業用として使用するトラック，乗用車，オートバイなどの陸上運搬具を購入したときは，その取得原価で**車両運搬具勘定**の借方に記入します。

④　土地勘定

営業用として使用することを目的として土地を購入したときは，その取得原価で**土地勘定**の借方に記入します。取得原価には，購入代金のほかに仲介手数料，地盛り，地ならし，埋立て等の整地費，石垣，排水，護岸等の工事費，登記料などの付随費用を含めます。

2．減価償却

建物，備品，車両運搬具など土地を除く有形固定資産は，それを利用するにしたがって摩耗・老朽化したり，あるいは時間の経過とともに流行遅れや陳腐化して，その価値が減少し，やがて使用することができなくなります。この固定資産の価値の減少を**減価**といいます。減価は日々発生していますが，日常的に記録することはしないで，決算のときに当期中の減価をまとめて記録する手続きをとります。つまり，当期中における減価額を費用として計上し，その金額を有形固定資産勘定の価額から減少させます。この手続きを**減価償却**といい，減価償却額のことを**減価償却費**といいます。減価償却を行う目的は，資産の取得原価を使用する各年度の費用に配分して適正な期間損益の計算を行うことにあります。

(1) 減価償却費の計算

当期中に有形固定資産にどれだけの減価が生じたかを実際に測定することは極めて困難です。そこで，取得原価総額を一定の方法で使用可能な期間(**耐用年数**)に配分する手続きがとられます。減価総額を各期間に配分する方法には，**定額法**と**定率法**などがあります。

(2) 定額法

定額法は，減価償却資産の取得価額に，その償却費が毎年同一となるように当該資産の耐用年数に応じた「定額法の償却率」（1／耐用年数）を乗じて計算した金額を，各事業年度の減価償却費として償却を行うものです。

定額法による減価償却費＝取得価額×「定額法の償却率」

【例題11－2】取得価額1,000,000円，耐用年数10年の減価償却資産の各年の償却に係る計算は，次のとおりとなります。

定額法の償却率0.100　　各年の償却限度額1,000,000円×0.100＝100,000円

年数	1	2	3	4	5
期首帳簿価額	1,000,000	900,000	800,000	700,000	600,000
減価償却費	100,000	100,000	100,000	100,000	100,000
期末帳簿価額	900,000	800,000	700,000	600,000	500,000
年数	6	7	8	9	10
期首帳簿価額	500,000	400,000	300,000	200,000	100,000
減価償却費	100,000	100,000	100,000	100,000	99,999
期末帳簿価額	400,000	300,000	200,000	100,000	1

(注)10年目における計算上の減価償却費は100,000円ですが，残存簿価が1円になるので，結果として，実際の償却限度額は99,999円になります。

（3）減価償却の記帳方法

減価償却の記帳方法には**直接法**と**間接法**があります。

①　直接法

当期の減価償却額を減価償却費勘定（費用勘定）の借方と有形固定資産勘定の貸方に記入し，有形固定資産の勘定残高から直接控除する方法です。建物を例に仕訳すると次のようになります。

（借）減価償却費　×××　（貸）建　物　×××

建物（借方）	建物（貸方）
取得原価	減価償却額
	簿価

減価償却費（借方）	減価償却費（貸方）
減価償却額	

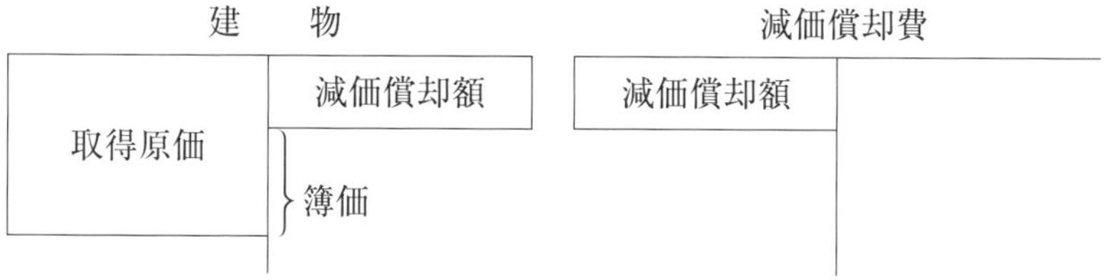

このように，直接法では，有形固定資産の諸勘定の価額は減価償却を行うつど減少し，その勘定残高は現在の帳簿価額を示し，この金額が次期に繰越されることになります。

②　間接法

間接法は，減価償却額を有形固定資産の諸勘定の残高から直接控除する代わりに，有形固定資産の勘定ごとに，別に**減価償却累計額勘定**を設け，その貸方に記入する方法です。

建物を例に仕訳すると次のようになります。

（借）減価償却費　×××　（貸）建物減価償却累計額　×××

建物減価償却累計額（借方）	建物減価償却累計額（貸方）
	減価償却額

減価償却費（借方）	減価償却費（貸方）
減価償却額	

間接法では，有形固定資産の勘定は取得原価のまま繰越され，毎期の減価償却額は減価償却累計額勘定に加えられていきます。したがって，有形固定資産の勘定の借方残高(取得原価)から減価償却累計額勘定の貸方残高を控除した額が有形固定資産の現在の帳簿価額を示すことになります。

直接法では，有形固定資産の諸勘定の残高は帳簿価額を示しますが，その取得原価や減価償却累計額がいくらであるかを知るのは困難です。それに対し，間接法では，有形固定資産の取得原価と減価償却累計額が帳簿上明らかにされ，また，帳簿価額は取得原価から減価償却累計額を控除することによって求められるので，情報量の面から間接法のほうが望ましいといえます。

なお，減価償却累計額勘定は，有形固定資産の帳簿上の価額を評価するはたらきがあるので**評価勘定**と呼ばれます。

【例題 11－3】次の取引を仕訳しなさい。

期首（1/1）に現金で取得した取得価額1,000,000円，耐用年数10年の建物について，定額法で減価償却を行い，第1年度目と第2年度目の取引を直接法で記帳する。

(解答)

第1年度目，第2年度目ともに仕訳は同じ。

（借）減価償却費	100,000		（貸）建　　物	100,000
（借）損　　益	100,000		（貸）減価償却費	100,000

(解説)

【例題 11－2】より各期の減価償却費は￥100,000となります。

また，勘定記入を示すと次のようになります。

建　物			
1/1 現金	1,000,000	12/31 減価償却費	100,000
		〃 **次期繰越**	**900,000**
	1,000,000		1,000,000
1/1 前期繰越	900,000	12/31 減価償却費	100,000
		〃 **次期繰越**	**800,000**
	900,000		900,000
1/1 前期繰越	800,000		

減価償却費			
12/31 建物	100,000	12/31 損益	100,000
12/31 建物	100,000	12/31 損益	100,000

【例題 11－4】次の取引を仕訳しなさい。

期首（1／1）に，現金で取得した取得価額1,000,000円，耐用年数10年の建物について，定額法で減価償却を行い，第1年度目と第2年度目の取引を間接法で記帳する。

（解答）

第1年度目，第2年度目ともに仕訳は同じ。

（借）減価償却費　100,000　　（貸）建物減価償却累計額　100,000

（借）損　　　益　100,000　　（貸）減　価　償　却　費　100,000

（解説）

間接法による勘定記入を示すと以下のようになります。

建物減価償却累計額			
12/31 次期繰越	100,000	12/31 減価償却費	100,000
12/31 次期繰越	200,000	1/1 前期繰越	100,000
		12/31 減価償却費	100,000
	200,000		200,000
		1/1 前期繰越	200,000

減価償却費			
12/31 建累	100,000	12/31 損益	100,000

間接法の場合，建物勘定の帳簿価額は¥1,000,000のままです。

3．固定資産の売却

有形固定資産が不用もしくは使用不能となって売却することがあります。このとき，有形固定資産の帳簿価額と売却価額は一致しないことが通例です。有形固定資産の売却価額が帳簿価額よりも大きい場合は，その差額を**固定資産売却益勘定**(収益勘定)の貸方に記入します。逆に，有形固定資産の売却価額が帳簿価額よりも小さい場合は，その差額を**固定資産売却損勘定**(費用勘定)の借方に記入します。

売却された有形固定資産の帳簿価額を減少させる仕訳は，減価償却が直接法で記帳されていたか間接法で記帳されていたかで異なります。

直接法で記帳されていたときは，有形固定資産の勘定残高が帳簿価額であるので，有形固定資産の勘定の貸方に帳簿価額を記入します。

【例題 11－5】次の取引を仕訳しなさい。

帳簿価額￥300,000の備品が不用となったので，￥180,000で売却し，代金は月末受取りの約束とした。

(解答)

(借)	未　収　入　金	180,000	(貸)	備　　　品	300,000
	固定資産売却損	120,000			

間接法で記帳されていたときは，有形固定資産の帳簿価額を算定するために，売却した有形固定資産の取得原価を有形固定資産勘定の貸方に記入し，これに対する減価償却累計額を当該有形固定資産の減価償却累計額勘定の借方に記入します。

【例題11－6】次の取引を仕訳しなさい。

取得原価￥1,000,000，減価償却累計額￥700,000の備品が不用となったので，￥180,000で売却し，代金は月末受取りの約束とした。

（解答）

（借）	備品減価償却累計額	700,000	（貸）	備品	1,000,000
	未収入金	180,000			
	固定資産売却損	120,000			

なお，事業年度の途中で使用中の固定資産を売却したときは，年度始めから売却月までの期間に対応する減価償却費を月割計算によって求め，売却時に計上します。したがって，固定資産売却損益はこの金額だけ増減することになります。

4．不動産の賃借と差入保証金

有形固定資産の利用は取得するだけではありません。土地や建物の全部または一部を賃借することもあります。賃借にあたっては賃貸借契約が交わされますが，その際に敷金などの名目で保証金を差入れることがあります。この保証金は，通常，原状回復のための諸費用のために減額される部分を除き，差入れた本人に返還されます。したがって，保証金を支払った場合には，**差入保証金勘定**（資産）で処理します。

【例題11－7】次の取引を仕訳しなさい。

店舗の賃借にあたり，敷金￥600,000，仲介手数料￥120,000，１か月分の家賃￥100,000を現金で支払った。

（解答）

（借）差入保証金	600,000	（貸）現　　　金	820,000
支払手数料	120,000		
支 払 家 賃	100,000		

【例題 11－8】次の取引を仕訳しなさい。

上記の不動産賃貸契約を解約し，契約時に支払っていた敷金￥600,000のうち修繕費￥400,000を差引いた残額が普通預金口座に振込まれた。

（解答）

（借）修　繕　費	400,000	（貸）差入保証金	600,000
普 通 預 金	200,000		

【第11章　練習問題】

次の取引を仕訳しなさい。

(1)　備品¥500,000を購入し，代金は小切手を振出して支払った。なお，引取運賃¥30,000および据付費¥20,000は現金で支払った。

(2)　期末に上記備品を減価償却する仕訳を示しなさい。ただし，残存価額を１円とする新減価償却制度（定額法）を採用し，耐用年数は５年である。なお，記帳方法は間接法によること。

(3)　当期首に取得原価¥400,000の備品が不要となったので，¥160,000で売却し，代金は翌月末に受取ることとした。なお，この備品の減価償却累計額は¥135,000で，当店の減価償却の記帳方法は間接法を採用している。

	借方科目	金額	貸方科目	金額
(1)				
(2)				
(3)				

12 株式会社会計

齋藤正章

《目標＆ポイント》 株式会社に関する諸取引の記帳処理について学習します。また，株式会社の税金，その他の税金の記帳処理についても解説します。
《キーワード》 純資産，資本金，当期純利益，繰越利益剰余金，資本準備金，法人税・事業税及び住民税，固定資産税，印紙税，貯蔵品，租税公課，消費税

1．資本（純資産）の分類と記帳処理

株式会社の資本（純資産）は，企業会計原則によると次のように分類されます。

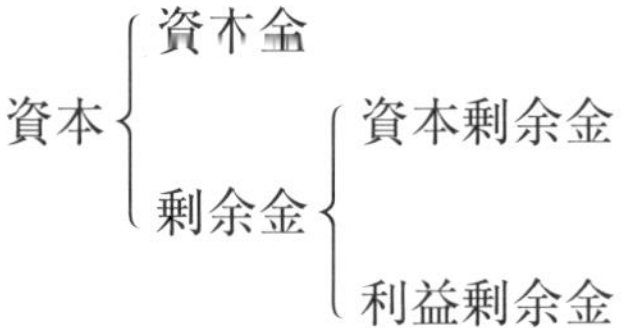

株式会社の純資産は，株主の払込資本と利益のうち企業内に留保された部分から構成されます。利益を源泉とする剰余金が利益剰余金であり，利益以外の源泉から生じる剰余金が資本剰余金です。

純資産の部を具体的に示すと次のようになります。当期純利益は繰越利益剰余金の内訳項目になります。

純資産の部
　Ⅰ　株主資本
　　1　資本金
　　2　資本剰余金
　　　(1)　資本準備金
　　　(2)　その他資本剰余金
　　3　利益剰余金
　　　(1)　利益準備金
　　　(2)　その他利益剰余金
　　　　　××積立金
　　　　　繰越利益剰余金

株式会社の資本金の額は株主が払込んだ金額となります。

【例題12－1】次の取引を仕訳しなさい。

千葉商事株式会社は，会社設立にあたって8,000株（1株の発行価額¥5,000）を発行し，株主からの払込金は当座預金とした。

（解答）

（借）当座預金　40,000,000　　　　（貸）資 本 金　40,000,000

増資した場合も同様の記帳処理になります。

【例題 12－2】次の取引を仕訳しなさい。

千葉商事株式会社は，新たに1,000株を１株¥6,000で発行し，株主からの払込金が当座預金口座に振込まれた。

（解答）

（借）当座預金　6,000,000　　（貸）資 本 金　6,000,000

2．当期純利益の振替

○　純利益の振替え

個人企業では，決算において，会計期間に発生したすべての収益勘定とすべての費用勘定を損益勘定に振替えることによって，当該会計期間の純損益を計算します。純損益が計算されると，その金額は資本金勘定へ振替えられます。

【例題 12－3】次の取引を仕訳しなさい。当期の収益の総額（総収益）は¥3,000,000，費用の総額（総費用）は¥2,000,000と計算された。これらを損益勘定へ振替えた。

（解答）

（借）総 収 益　3,000,000　　（貸）損　　益　3,000,000

（借）損　　益　2,000,000　　（貸）総 費 用　2,000,000

これを勘定記入すると，次のようになります。

損　　益

総費用	2,000,000	総収益	3,000,000

当期純利益￥1,000,000は，資本金勘定の貸方に振替えられます。

（借）損　　益　1,000,000　　　　（貸）資本金　1,000,000

損　　益

総費用	2,000,000	総収益	3,000,000
資本金	1,000,000		

資　本　金

		損　益	1,000,000

株式会社では，純利益が計算されると，これに対し**法人税，住民税及び事業税**が計算されます。法人税，住民税及び事業税は利益に対して課せられる税金で，税法上は損金参入が認められていません。

法人税，住民税及び事業税勘定の借方記入額を損益勘定の借方に振替えると，損益勘定において税引後の当期純利益が計算されます。次に，この税引後当期純利益を損益勘定から繰越利益剰余金勘定に振替えます。

【例題 12－4】次の一連の取引を仕訳しなさい。

① 当期の収益の総額（総収益）は￥3,000,000，費用の総額（総費用）は￥2,000,000と計算された。これらを損益勘定へ振替えた。

② 税引前当期純利益￥1,000,000に対して，法人税，住民税及び事業税が￥300,000と計算された。

③ 法人税，住民税及び事業税￥300,000を損益勘定へ振替えた。

④ 税引後当期純利益￥700,000を繰越利益剰余金に振替えた。

（解答）

①	（借）総　　収　　益	3,000,000	（貸）損　　　　　　益	3,000,000
	（借）損　　　　　益	2,000,000	（貸）総　　費　　用	2,000,000
②	（借）法人税，住民税及び事業税	300,000	（貸）未払法人税等	300,000
③	（借）損　　　　　益	300,000	（貸）法人税，住民税及び事業税	300,000
④	（借）損　　　　　益	700,000	（貸）繰越利益剰余金	700,000

これを勘定記入すると，次のようになります。

損　　益

①総費用	2,000,000	①総収益	3,000,000
③法人税，住民税及び事業税	300,000		
④繰越利益剰余金	700,000		

繰越利益剰余金

		④損　益	700,000

なお，当期純損失が計算された場合でも繰越利益剰余金に振替えますので，注意しましょう。

●当期純利益が計算された場合

（借）損　　　　　益　　×××　　　（貸）繰越利益剰余金　　×××

●当期純損失が計算された場合

（借）繰越利益剰余金　　×××　　　（貸）損　　　　　益　　×××

繰越利益剰余金

損　失	利　益

3．繰越利益剰余金の分配

繰越利益剰余金の配当等は，株主総会の議案として取り上げられ，株主の承認を得て決定されます。それらの処理は以下のとおりです。

（1）配当

繰越利益剰余金の分配額として株主に対して支払われるのが配当金です。配当を実際に支払うのは株主総会後になるので，配当金の金額が確定した時点では，**未払配当金勘定**（負債）として処理します。

【例題12－5】次の取引を仕訳しなさい。

株式会社港商事は，株主総会において￥200,000の配当を行う決議を行った。なお，同商事には繰越利益剰余金が￥2,500,000ある。

（解答）

（借）	繰越利益剰余金	200,000	（貸）	未払配当金	200,000

（2）利益準備金への組入れ

会社法は債権者保護の観点から，会社が剰余金の配当を行う場合には，社外に流出する10分の１の額を資本準備金または利益準備金（共に純資産）として積立てることを要求しています。積立ては両準備金の合計額が資本金の４分の１に達するまで行われ，繰越利益剰余金から配当が行われる場合には利益準備金を積立てます。

【例題 12－6】次の一連の取引を仕訳しなさい。

① 松戸商会株式会社は，株主総会において￥3,000,000の配当を行う決議を行った。また，配当決議に伴って￥300,000を計上する。

（借）繰越利益剰余金	3,300,000	（貸）未払配当金	3,000,000
		利益準備金	300,000

② 後日，同商会は，上記の配当を株主に普通預金口座から支払った。

（解答）

①（借）繰越利益剰余金	3,300,000	（貸）未払配当金	3,000,000
		利益準備金	300,000
②（借）未払配当金	3,000,000	（貸）普通預金	3,000,000

4．株式会社の税金

株式会社が納付する税金には，利益の金額に基づいて課される税金と利益以外の金額に基づいて課される税金とがあります。利益の金額に基づいて課される税金には，法人税，住民税及び事業税があります。利益以外の金額に基づいて課される税金には，固定資産税，印紙税等があります。また，消費税のやり取りもあります。

以上をまとめると次のようになります。

① **法人税，住民税及び事業税**

② 土地，建物などの固定資産に課される**固定資産税**

③ 収入印紙に対する**印紙税**

④ 商品やサービスのやり取りで課される**消費税**

（1）法人税，住民税及び事業税

前述のように，株式会社は当期に計上した税引前当期純利益に基づいて計算される法人税，住民税及び事業税を支払わなければなりません。この場合，**法人税，住民税及び事業税勘定**の借方へ記入します。

法人税，住民税及び事業税の金額は，税引前当期純利益に税率を乗じて算定されます。法人税，住民税及び事業税は決算時に計上されますが，実際の支払いは翌期の確定申告後になります。したがって，計上時には支払われないので，**未払法人税等勘定**（負債）の貸方へ記入します。

【例題12－7】次の取引を仕訳しなさい。

今期の税引前当期純利益は￥1,600,000と計算された。当期の法人税，住民税及び事業税の税率は30％であった。法人税，住民税及び事業税を計上する。

（解答）

（借）法人税,住民税及び事業税　480,000　（貸）未払法人税等　480,000

法人税，住民税及び事業税は，決算日後2か月以内に確定申告を行って納付しなくてはなりません。

【例題12－8】次の取引を仕訳しなさい。

確定申告を行い，法人税，住民税及び事業税￥480,000を現金で納付した。

（解答）

（借）未払法人税等　480,000　（貸）現　　金　480,000

株式会社は，法人税，住民税および事業税の前年度の税額が所定額以上である場合，中間納付をしなくてはなりません。中間納付は，前年度の決算日から6か月を経過後の2か月以内に中間申告を行って，**仮払法人税等勘定**（資産）の借方へ記入します。この仮払法人税等の金額は，当期の決算において計上される法人税，住民税及び事業税から控除されます。

【例題12－9】次の一連の取引を仕訳しなさい。

① 中間申告を行い，法人税，住民税及び事業税￥240,000を普通預金口座から納付した。

② 決算日に法人税，住民税及び事業税￥500,000を計上した。

（解答）

①	（借）仮払法人税等	240,000	（貸）普通預金	240,000
②	（借）法人税,住民税及び事業税	500,000	（貸）仮払法人税等	240,000
			未払法人税等	260,000

（2）租税公課

株式会社が納付する税金のうち，利益以外の金額に基づいて課される税金には，固定資産税，自動車税，印紙税等があります。**固定資産税**は，会社に所有される土地，建物などの固定資産に対して課される税金です。1月1日現在で所有している固定資産の価格を課税標準として税額が決められ，通常4期（4月，7月，12月と翌年の2月）に分けて納付されます。

こうした利益以外の金額に基づいて課される税金は，費用として処理されるので，計上時は**租税公課勘定**（費用）の借方へ記入します。

【例題 12－10】次の取引を仕訳しなさい。

①　固定資産税の第１期分￥120,000を現金で納付した。

②　当年度の自動車税￥40,000を現金で納付した。

③　収入印紙￥5,000を購入し，代金は現金で支払った。

（解答）

①（借）	租税公課	120,000	（貸）	現　　金	120,000
②（借）	租税公課	40,000	（貸）	現　　金	40,000
③（借）	租税公課	5,000	（貸）	現　　金	5,000

※収入印紙は購入時に租税公課勘定の借方へ記入しますが，決算時に未消費分がある場合には**貯蔵品勘定**（資産）の借方へ振替えます。また，郵便切手（**通信費勘定**）の未消費分も同様の処理をします。

（３）消費税

消費税は，生産・流通の各段階で課税される税金で，わが国では1989年４月から導入され，税率も３％から始まり５％，８％と10％へと推移しています。消費税は，エンドユーザーである消費者が最終的に負担しますが，企業が消費者に代わって納税する義務があります。

商品販売をしている企業を例にすると，商品を仕入れるときには消費税を支払い，販売するときは消費税を受取ります。このとき消費税の支払額と受取額には差額が生じるので，その差額分を納付したり還付を受けます。この差額の処理は税抜方式と税込方式がありますが，ここでは税抜方式について説明します。なお，ここでいう税抜，税込は商品価格の表示方法とは関係ありませんので注意しましょう。

税抜方式を採用する場合，商品の購買時に支払う消費税を**仮払消費税勘定**（資産）の借方に記入します。また，商品の販売時に受取る消費税は，**仮受消費税勘定**（負債）の貸方へ記入します。決算時に，仮受消費税勘定の残高と仮払消費税勘定の残高を相殺して，仮受消費税勘定の残高が多い場合には，仮払消費税勘定の残高との差額を**未払消費税勘定**（負債）の貸方に記入します。未払消費税勘定の残高は，決算日後に行われる消費税の確定申告時に支払われます。

【例題 12－11】次の一連の取引を仕訳しなさい。

① 商品￥100,000を仕入れ，代金は消費税￥10,000とともに小切手を振出して支払った。

② 上記の商品を￥120,000で販売し，代金は消費税￥12,000とともに掛けとした。

③ 決算を迎えたので，納付すべき消費税の金額を未払消費税として計上した。

④ 消費税の確定申告を行い，上記の未払消費税を普通預金から支払った。

（解答）

①	（借）	仕入	100,000	（貸）	当座預金	110,000
		仮払消費税	10,000			
②	（借）	売掛金	132,000	（貸）	売上	120,000
					仮受消費税	12,000
③	（借）	仮受消費税	12,000	（貸）	仮払消費税	10,000
					未払消費税	2,000
④	（借）	未払消費税	2,000	（貸）	普通預金	2,000

勘定記入すると，次のようになります。

仮払消費税

①当座預金	10,000	③未払消費税	10,000

仮受消費税

③未払消費税	12,000	②売掛金	12,000

未払消費税

③仮払消費税	10,000	③仮受消費税	12,000
④普通預金	2,000		

【第12章　練習問題】

次の一連の取引を仕訳しなさい。

(1)　千葉商事株式会社は会社設立にあたって800株（1株の発行価額¥5,000）を発行し，全額，株主から払込みを受け払込金は当座預金とした。

(2)　第1期の税引前当期純利益¥200,000に対し，法人税，住民税及び事業税が¥60,000と計算された。

(3)　決算振替仕訳のため，法人税，住民税及び事業税を損益勘定に振替えた。

(4)　決算振替仕訳のため，第1期の税引後当期純利益を繰越利益剰余金に振替えた。

(5)　法人税，住民税及び事業税を当座預金口座から納付した。

(6)　株主総会において，第1期の剰余金につき，1株当たり100円の配当と会社法で定める利益準備金の積立てが決議された。

(7)　株主に対し上記の配当額を普通預金口座から支払った。

日付	借方科目	金額	貸方科目	金額
(1)				
(2)				
(3)				
(4)				
(5)				
(6)				
(7)				

13 収益・費用に関する記帳処理

齋藤正章

《目標＆ポイント》 損益計算書を構成する収益・費用の認識・測定について学習します。収益・費用の分類や期末の処理について理解しましょう。
《キーワード》 収益・費用，前払費用，未払費用，前受収益，未収収益

1．収益・費用の意義と分類

収益は，増資（およびその他の純資産取引）以外の企業活動の結果もたらされる純資産（または自己資本）の増加分として定義されます。また，費用とは減資（およびその他の純資産取引）以外の企業活動の結果もたらされる純資産（または自己資本）の減少分として定義されます。純資産の増加は資産の増加または負債の減少であり，純資産の減少は資産の減少または負債の増加であるので，これらは収益・費用と次のように結びつきます。

表 13－1　収益・費用の発生と他勘定の関係

<table>
<tr><td>資産の増加</td><td rowspan="2">収益の発生</td></tr>
<tr><td>負債の減少</td></tr>
<tr><td rowspan="2">費用の発生</td><td>資産の減少</td></tr>
<tr><td>負債の増加</td></tr>
</table>

企業活動によって純資産が増減したとき，その増減の原因を明らかにするのが収益と費用です。純資産増加の原因を示す収益から純資産減少の要因である費用を控除すると利益が求められます。したがって，利益は資本の純増加分であるといえます。

収益と費用の項目は，当期の発生原因の有無または経常性の有無によって経常損益項目と特別損益項目に大別されます。さらに，経常損益項目は主目的たる営業活動と結びついて発生する項目であるか否かによって営業損益項目と営業外損益項目に細分されます。また，これらの項目は表 13－3 の損益計算書のひな型と併せて理解するとよいでしょう。

表 13－2　収益・費用の分類

収　益	経常収益	営 業 収 益	売上，受取手数料など
		営業外収益	受取利息，受取配当金など
	特別利益		固定資産売却益，償却債権取立益など
費　用	経常費用	営 業 費 用	売上原価，給料，旅費など
		営業外費用	支払利息，手形売却損など
	特別損失		固定資産売却損，火災損失など

表13－3　損益計算書（報告式）のひな型

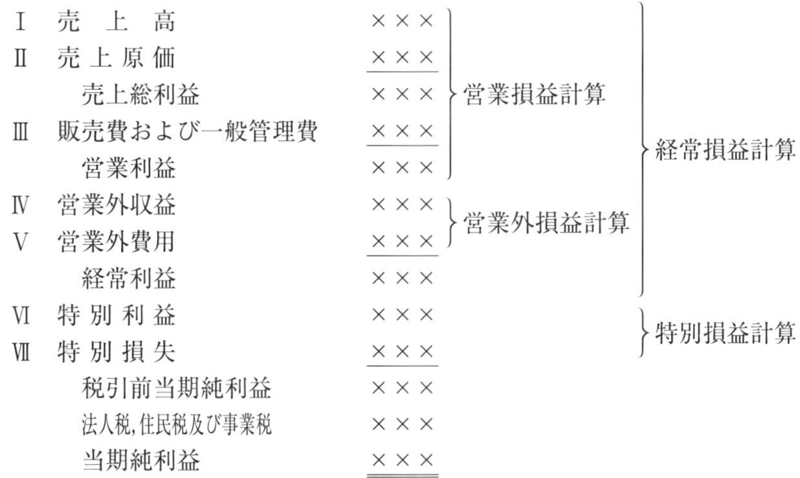

損　益　計　算　書

自令和××年×月×日　至令和××年×月×日

Ⅰ	売　上　高	×××	営業損益計算	経常損益計算
Ⅱ	売上原価	×××		
	売上総利益	×××		
Ⅲ	販売費および一般管理費	×××		
	営業利益	×××		
Ⅳ	営業外収益	×××	営業外損益計算	
Ⅴ	営業外費用	×××		
	経常利益	×××		
Ⅵ	特別利益	×××		特別損益計算
Ⅶ	特別損失	×××		
	税引前当期純利益	×××		
	法人税,住民税及び事業税	×××		
	当期純利益	×××		

2．収益・費用の期末時の記帳処理

今日の簿記では，適正な期間損益を算定するために，費用については当期に発生したあるいは発生するであろう金額を当期の費用として計上する**発生主義**の立場がとられています。また，収益については，特に保守的な会計を実施するという立場から，さらに確実性（実現性）を重視して，当期に発生しかつ実現したあるいは実現すべき金額だけを当期の収益として計上する**実現主義**の考え方がとられています。

しかし，期中の収益・費用勘定への記入は，大部分が現金の収支取引に基づいて行われます。そのため，その期間中の計上額には当期に帰属しない収益・費用額が含まれていたり，当期に帰属すべき収益・費用額が含まれていないことがあります。そこで，収益・費用勘定を適正な金額に一致させる会計処理が必要となります。つまり，決算のときに，収益・費用のなかに次期以降の分が含まれている場合には，これを前受け・前払いとして処理し，当期に属する収益・費用であっても収支を伴わなかったために記録が漏れているものがある場合には，これを未収・未払いとして計上するわけです。

収益・費用の前受け・前払い，未収・未払いの処理にあたって設けられる勘定は，期末に一時経過的に設けられるので**経過勘定**と呼ばれます。経過勘定をまとめると表13－4のようになります。

表13－4　経過勘定の種類

経過勘定	前払い・前受け	前払費用	資産計上・費用控除
		前受収益	収益控除・負債計上
	未払い・未収	未払費用	費用加算・負債計上
		未収収益	資産計上・収益加算

（1）費用の前払い（前払費用勘定の記帳処理）

決算にあたり，費用勘定に記入されている金額のなかに，次期以降に負担させる分が含まれている場合，その金額を費用勘定から控除するとともに，資産勘定である前払費用勘定の借方に記入します。支払利息の前払分を繰延べる場合，次のような仕訳になります。

（借）前払利息　×××　　（貸）支払利息　×××

費用の前払いは，借入金の利息，各種保険料，前払いした家賃などについて発生します。これらは支払時に費用として記録されていますが，そのなかには当期分でなく次期に負担すべきものを前払いしたにすぎないものがあります。そこで，決算のときに次期以降の分を費用から控除するとともに，前払分に対する払戻しまたはサービスの履行請求権を資産として次期へ繰延べるわけです。

【例題 13－1】次の取引を仕訳しなさい。

7月1日　幕張商店が1年分（7月1日から翌年の6月30日まで）の火災保険料￥12,000を現金で支払った。

9月30日　決算にあたり，火災保険料の前払分を繰延べた。

（解答）

7月1日	（借）支払保険料	12,000	（貸）現　　金	12,000
9月30日	（借）前払保険料	9,000	（貸）支払保険料	9,000

（解説）

火災保険料の適用期間は7月1日から翌年の6月30日までですが，決算日が9月30日なので，7月から9月までの3か月分が当期の費用であって，10月から翌年の6月までの9か月分は次期の費用となります（表 13－5）。そこで，次期の分￥9,000を支払保険料から控除するとともに，資産勘定である前払保険料勘定の借方に記入します。

表 13－5　会計期間と保険期間のズレ

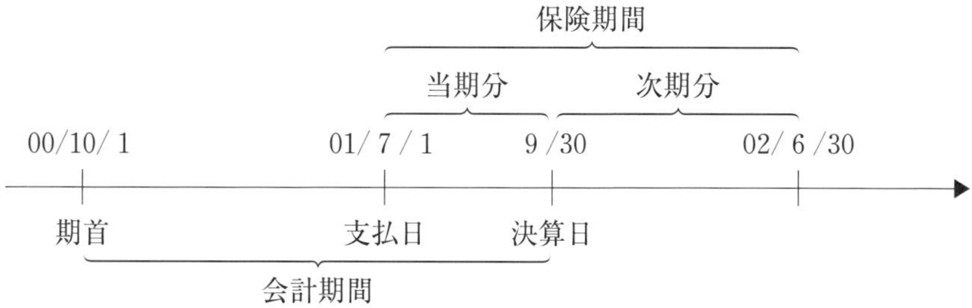

この結果，支払保険料勘定の借方残高は￥3,000となって，当期の負担分を示し，損益勘定に振替えられます。前払保険料勘定の借方残高￥9,000は次期において保険サービスを受ける権利を表し，次期に繰延べられます。

また，前払分の¥9,000は次期において費用となるものであるので，便宜上，次期の最初の日付で，もとの支払保険料勘定に振戻しておきます。これを**再振替仕訳**といいます。

〈再整理仕訳〉

10月１日　（借）支払保険料　9,000　（貸）前払保険料　9,000

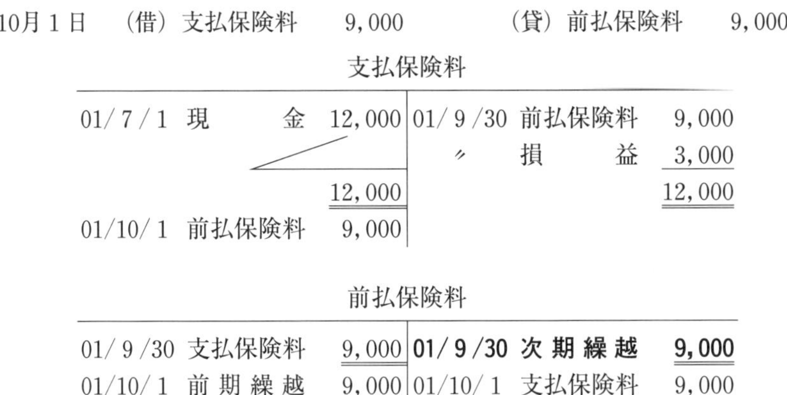

支払保険料

01/７/１	現　　金	12,000	01/９/30	前払保険料	9,000
			〃	損　　益	3,000
		12,000			12,000
01/10/１	前払保険料	9,000			

前払保険料

01/９/30	支払保険料	9,000	**01/９/30**	**次期繰越**	**9,000**
01/10/１	前期繰越	9,000	01/10/１	支払保険料	9,000

（２）収益の前受け（前受収益勘定の記帳処理）

決算にあたり，収益勘定に記入されている金額のなかに，次期以降に属する分が含まれている場合，その金額を収益勘定から控除するとともに，負債勘定である前受収益勘定の貸方に記入します。受取利息の前受分を繰延べる場合，次のような仕訳になります。

（借）受取利息　×××　（貸）前受利息　×××

収益の前受けは，貸付金の利息，前受けした家賃・地代などについて発生します。これらは受取時に収益として記録されていますが，そのなかには当期分でなく次期に帰属すべきものを前受けしたにすぎないものがあります。そこで，決算のときに次期以降の分を収益から控除するとともに，前受分に対する払戻しまたはサービスの履行義務を負債として次期へ繰延べるわけです。

【例題 13－2】次の取引を仕訳しなさい。

7月1日　幕張商店が半年分（7月1日から12月31日まで）の家賃￥240,000を現金で受取った。

9月30日　決算にあたり，家賃の前受分を繰延べた。

（解答）

7月1日	（借）現　　金	240,000	（貸）受取家賃	240,000
9月30日	（借）受取家賃	120,000	（貸）前受家賃	120,000

（解説）

家賃の適用期間は7月1日から12月31日までですが，決算日が9月30日なので，7月から9月までの3か月分が当期の収益であって，10月から12月までの残り3か月分は次期の収益となります。そこで，次期の3か月分￥120,000を受取家賃から控除するとともに，負債勘定である前受家賃勘定の貸方に記入します。

この結果，受取家賃勘定の貸方残高￥120,000は当期の収益を示し，損益勘定の貸方に振替えられます。前受家賃勘定の貸方残高￥120,000は次期に建物を貸す義務を示しています。

前受分の￥120,000は次期になれば収益となるものであるので，再振替仕訳をします。

10月1日	（借）前受家賃	120,000	（貸）受取家賃	120,000

受取家賃

01/9/30	前受家賃	120,000	01/7/1	現　　金	240,000
〃	損　　益	120,000			
		240,000			240,000
			01/10/1	前受家賃	120,000

前受家賃

01/9/30	**次期繰越**	**120,000**	01/9/30	受取家賃	120,000
01/10/1	受取家賃	120,000	01/10/1	前期繰越	120,000

(3) 費用の未払い（未払費用の記帳処理）

まだ現金による支払いは済んでいないが，当期に負担すべき費用が発生しているときは，決算時に当期の負担に属する費用を追加計上するとともに，支払未了分を未払費用という負債勘定に計上し，次期に繰越す必要があります。支払利息の未払分を計上する場合，次のような仕訳になります。

（借）支払利息　×××　　（貸）未払利息　×××

費用の未払いは，家賃，地代，利息などについて発生します。

【例題13－3】次の取引を仕訳しなさい。

8月1日　取引先から期間3か月，利率年9％，利息後払いの条件で¥1,000,000を借入れた。

9月30日　決算にあたり，利息の未払分を見越計上した。

（解答）

8月1日	（借）現　金	1,000,000	（貸）借 入 金	1,000,000
9月30日	（借）支払利息	15,000	（貸）未払利息	15,000

（解説）

この取引では，利息は後払いであるので，決算日においても利息支払いは行われておらず，当期負担分の利息についても費用計上されていません。しかし，すでに当期分として2か月分の利息¥15,000（※）が発生しています。したがって，これを当期の費用に加えるために支払利息勘定（費用勘定）の借方に記入するとともに，利息の支払義務を示す未払利息勘定（負債勘定）の貸方に記入するわけです。

※月割計算：￥1,000,000×0.09×2/12＝￥15,000

なお，便宜上，次期の最初の日付で未払利息勘定を支払利息勘定に振戻しておく再振替仕訳を行います。

10月１日　（借）未払利息　15,000　　（貸）支払利息　15,000

支払利息

9/30	未払利息	15,000	9/30	損　　益	15,000
			10/1	未払利息	15,000

未払利息

9/30	**次期繰越**	**15,000**	9/30	支払利息	15,000
10/1	支払利息	15,000	10/1	前期繰越	15,000

（４）収益の未収（未収収益の記帳処理）

まだ現金による受取りは済んでいないが，当期に属する収益が発生しているときは，決算時に当期に属する収益を追加計上するとともに，未収分を未収収益という資産勘定に計上し，次期に繰越す必要があります。受取利息の未収分を計上する場合，次のような仕訳になります。

（借）未収利息　×××　　（貸）受取利息　×××

収益の見越しも，家賃，地代，利息などについて発生します。

【例題 13－4】次の取引を仕訳しなさい。

9月1日　取引先へ期間3か月，利率年9％，利息後払いの条件で¥500,000を貸付けた。

9月30日　決算にあたり，利息の未収分を見越計上した。

（解答）

9月1日	（借）貸付金	500,000	（貸）現　　金	500,000
9月30日	（借）未収利息	3,750	（貸）受取利息	3,750

（解説）

この取引では，利息は後払いであるので，決算日においても利息を受取っておらず，当期負担分の利息についても収益計上されていません。しかし，すでに当期分として1か月分の利息¥3,750（※）が発生しています。したがって，これを当期の収益に加えるために受取利息勘定（収益勘定）の貸方に記入するとともに，利息の支払請求権を示す未収利息勘定（資産勘定）の借方に記入するわけです。

※月割計算：¥500,000×0.09×1/12＝¥3,750

なお，便宜上，次期の最初の日付で未収利息勘定を受取利息勘定に振戻しておく再振替仕訳を行います。

10月1日	（借）受取利息	3,750	（貸）未収利息	3,750

受取利息

9/30	損　　益	3,750	9/30	未収利息	15,000
10/1	未収利息	3,750			

未収利息

9/30	受取利息	3,750	**9/30**	**次期繰越**	**3,750**
10/1	前期繰越	3,750	10/1	受取利息	3,750

【第13章　練習問題】

次の連続した取引を仕訳し，下記の勘定に転記しなさい。

5月1日　家賃1年分￥168,000を小切手を振出して支払った。

12月31日　決算（年1回）にあたり，家賃の前払分を次期に繰延べた。

〃　当期分の家賃を損益勘定に振替えた。

1月1日　前払家賃を再振替した。

日付	借方科目	金額	貸方科目	金額
5/1				
12/31				
〃				
1/1				

支払家賃

前払家賃

損　　益

14 決算の簿記

齋藤正章

《目標＆ポイント》 第4章の決算手続きについて復習し，精算表の作成方法について理解しましょう。その際に一連の決算予備手続についての理解が重要となります。また，決算本手続（決算仕訳と帳簿締切）についても学習します。

《キーワード》 決算予備手続，決算本手続，決算仕訳，帳簿締切，精算表

すでに第4章で一度，決算手続きについて解説しましたが，今回の決算手続きは第4章とどこが違うのでしょうか。

それでは今までの決算手続きについて復習してみましょう（図14－1)。

簿記における企業は，**継続企業**（ゴーイング・コンサーン）の前提に基づいて，半永久的な事業活動を営んでいると仮定されています。したがってその事業活動の明細を知るには一定の期間を区切って，その期間中の経営成績および期末の財政状態を明らかにする必要があります。このためには，その会計期間末に帳簿記録を整理し，集計する必要があります。この一連の手続きを**決算**といいました。

しかし，当該会計期間中に計上された収益および費用の金額がそのまま，その期の収益および費用の発生額とはならないことがあります。たとえば，商品売買を3分法で記録するとき，商品の購入は仕入勘定へ借

図14－1　帳簿記録の流れ

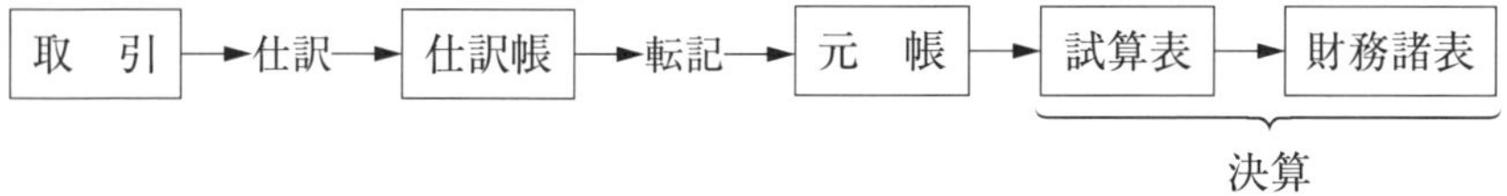

方記入されますが，期末時の借方残高がそのまま費用にはなりませんでした。つまり，購入されても売れ残った分は費用としないで，繰越商品勘定という資産勘定に借方記入し，売上原価分のみを費用とする修正仕訳が必要でした。また，前章の収益および費用の前払い・前受けや未払い・未収も今期の収益および費用の発生額を確定させる作業でした。このように決算時には，金額修正が必要な勘定，追加が必要な勘定が出てきます。この勘定の修正および追加を決算整理といいます。

これは「すべての費用及び収益は，その支出及び収入に基づいて計上し，その発生した期間に正しく割当てられるように処理しなければならない。」（損益計算書原則一のＡ）という考えに基づいています。

1．決算整理

決算整理の手続きでは，棚卸表に基づいて各勘定の記録を修正することになります。

また，決算整理を必要とする項目を決算整理事項といいます。決算日には，すべての決算整理事項についての仕訳を行います。このときの仕訳を決算整理仕訳または決算修正仕訳といい，これに基づいて元帳への転記が行われます。主な決算整理事項には，次のものがあります。

〈決算整理事項〉

①現金過不足の整理　　②売上原価の計算
③貸倒引当金の設定　　④有形固定資産の減価償却
⑤貯蔵品の整理　　⑥収益･費用の前払い･前受けと未払い･未収

決算整理を行うためには，修正を行う勘定がなくてはなりません。そこで，幕張商店の×２年３月31日の合計残高試算表が次ページの表14－1であったとしましょう。

表 14－1　幕張商店の合計残高試算表

合計残高試算表

×2年3月31日

借方		元丁	勘定科目	貸方	
残高	合計			合計	残高
253,800	359,300	1	現金	105,500	
		2	現金過不足	500	500
119,000	144,000	3	当座預金	25,000	
100,000	100,000	4	受取手形		
100,000	200,000	5	電子記録債権	100,000	
110,000	220,000	6	売掛金	110,000	
		7	貸倒引当金	3,300	3,300
55,000	55,000	8	繰越商品		
200,000	200,000	9	備品		
		10	備品減価償却累計額	20,000	20,000
	20,000	21	電子記録債務	120,000	100,000
	20,000	22	買掛金	160,000	140,000
		23	借入金	100,000	100,000
		31	資本金	500,000	500,000
		32	繰越利益剰余金	10,000	10,000
	30,000	41	売上	740,000	710,000
420,000	440,000	51	仕入	20,000	
36,000	36,000	52	支払保険料		
15,000	15,000	53	租税公課		
90,000	90,000	54	給料		
25,000	25,000	55	広告費		
1,523,800	2,014,300			2,014,300	1,523,800

○　決算予備手続（棚卸表の作成と決算整理）

試算表によって元帳における各勘定の記録について，会計処理の誤りがないことを確認したら**棚卸表**を作成します。ここで，棚卸表とは，決算整理事項を１つの表にまとめたものをいいます。

幕張商店の×２年３月31日における期末決算整理事項は以下のとおりでした。これをもとに幕張商店の棚卸表を示すと，次ページのようになります。

①　現金過不足の原因が判明しなかったので雑益として処理することとした。
②　期末商品棚卸高は￥40,000である。
③　期末売上債権（受取手形，電子記録債権と売掛金の各残高）に対し３％の貸倒れを見積もる。
④　収入印紙の未使用高が￥3,000ある。
⑤　備品に対して，耐用年数を10年として定額法により減価償却を行う。
⑥　支払保険料の前払分は￥20,000である。
⑦　借入金に対する利息の未払い分が￥10,000ある。
⑧　法人税，住民税及び事業税は￥29,500である。

棚　卸　表

幕張商店　　　　　×２年３月31日

勘定科目	摘　　要	内　訳	金　額
現金過不足	現金過剰分		500
繰越商品	A商品　100個　@¥300	30,000	
	B商品　50個　@¥200	10,000	40,000
受取手形	期末残高	100,000	
	貸倒引当金残高　¥1,100		
	貸倒引当金　期末残高の３％	3,000	97,000
電子記録債権	期末残高	100,000	
	貸倒引当金残高　¥1,100		
	貸倒引当金　期末残高の３％	3,000	97,000
売　掛　金	期末残高	110,000	
	貸倒引当金残高　¥1,100		
	貸倒引当金　期末残高の３％	3,300	106,700
租税公課	収入印紙未使用高		3,000
備　　品	営業用備品一式　取得原価	200,000	
	減価償却累計額　¥20,000		
	当期減価償却額　¥20,000	40,000	160,000
前払保険料	支払保険料前払分		20,000
未払利息	支払利息未払分		10,000
法人税,住民税及び事業税	確定額		29,500

これらの決算整理事項はすでに説明してありますが，復習をかねてもう一度整理しましょう。

①　現金過不足の整理

現金過不足は決算日になってもその原因が判明しない場合には，現金の過剰分は**雑益**，不足分は**雑損**として，それぞれ処理します。幕張商店の仕訳は次のようになります。

3/31	(借)	現金過不足	500	(貸) 雑　　益	500

②　売上原価の計算

3分法で商品の売買を記録しているときは，売上原価を次の式によって計算します。

売上原価＝期首商品棚卸高＋当期純仕入高－期末商品棚卸高

元帳より，幕張商店の期首商品棚卸高は￥55,000，当期純仕入高は￥420,000，また棚卸表より，期末商品棚卸高￥40,000であるので売上原価は￥435,000と計算されます。

売上原価は一般に仕入勘定で集計され計算されます。その場合の仕訳を示すと次のようになります。

3/31	(借)	仕　　入	55,000	(貸) 繰越商品	55,000
		繰越商品	40,000	仕　　入	40,000

③　貸倒引当金の設定

幕張商店の場合，受取手形については貸倒引当金の見積額が￥100,000×0.03＝￥3,000，電子記録債権の見積額は￥100,000×0.03＝￥3,000，売掛金の見積額は￥110,000×0.03＝￥3,300となり，合計￥9,300となります。しかし，すでに￥3,300引当てられているので，差額の￥6,000を貸倒引当金に繰入れます。

3/31	(借)	貸倒引当金繰入	6,000	(貸) 貸倒引当金	6,000

④　収入印紙未使用高の整理

収入印紙の未使用分については，租税公課勘定から**貯蔵品勘定**へ振替えます。

3/31　(借) 貯　蔵　品　3,000　　(貸) 租　税　公　課　3,000

⑤　有形固定資産の減価償却

減価償却については，備品の取得原価￥200,000，耐用年数10年で定額法採用なので，減価償却費は次のように計算されます。

￥200,000×0.100＝￥20,000

減価償却費の記帳には，すでに解説したように直接法と間接法がありますが，試算表を見るとわかるように，当店では間接法で記帳しているので，減価償却費￥20,000を計上するとともに，備品減価償却費累計額を同額，増加させます。

3/31　(借) 減価償却費　20,000　　(貸) 備品減価償却費累計額　20,000

⑥　支払保険料の前払い

支払保険料のうち，￥20,000分が前払分であるので，当期の支払いを減額するとともに，これを前払保険料として次期に繰延べます。

3/31　(借) 前払保険料　20,000　　(貸) 支払保険料　20,000

⑦　支払利息の未払い

借入金に対して，今期￥10,000の利息が発生しているので，支払利息を計上する処理を行います。

3/31　(借) 支払利息　10,000　　(貸) 未払利息　10,000

⑧　法人税，住民税及び事業税の計上

法人税,住民税及び事業税が￥29,500であったので,これを計上します。

3/31　(借) 法人税,住民税及び事業税　29,500　　(貸) 未払法人税等　29,500

以上を仕訳帳にまとめると次ページのようになります（小書き省略)。

仕訳帳　2

×2年		摘　　要	元丁	借　方	貸　方
3	31	決算整理仕訳			
	〃	(現金過不足)	2	500	
		(雑　　益)	44		500
	〃	(仕　　入)	51	55,000	
		(繰 越 商 品)	8		55,000
	〃	(繰 越 商 品)	8	40,000	
		(仕　　入)	51		40,000
	〃	(貸倒引当金繰入)	57	6,000	
		(貸倒引当金)	7		6,000
	〃	(貯　蔵　品)	11	3,000	
		(租 税 公 課)	53		3,000
	〃	(減価償却費)	58	20,000	
		(備品減価償却累計額)	10		20,000
	〃	(前払保険料)	12	20,000	
		(支払保険料)	52		20,000
	〃	(支 払 利 息)	56	10,000	
		(未 払 利 息)	24		10,000
	〃	(法人税，住民税及び事業税)	60	29,500	
		(未払法人税等)	25		29,500
				184,000	184,000

2. 決算本手続

決算整理によって，各勘定の記録を修正したら，一会計期間中における純損益の計算を行うために，(1)元帳の締切りおよび(2)仕訳帳（決算仕訳）の締切りからなる決算本手続を行います。この手続きは，第4章と同じですので，詳しくはそちらを参照してください（なお，元帳には便宜上，×1年4月1日から×2年2月28日までの取引はまとめて表示してあります)。

(1) 総勘定元帳の締切り（英米式）

① 収益・費用の各勘定残高を損益勘定に振替える

② 法人税，住民税及び事業税を損益勘定に振替える

③ 当期純利益を繰越利益剰余金勘定に振替える

仕訳帳　　3

×2年		摘要	元丁	借方	貸方
		決算振替仕訳			
3	31	諸口　(損益)	100		710,500
		(売上)	41	710,000	
		(雑益)	44	500	
	〃	(損益)　諸口	100	614,000	
		(仕入)	51		435,000
		(支払保険料)	52		16,000
		(租税公課)	53		12,000
		(給料)	54		90,000
		(広告費)	55		25,000
		(支払利息)	56		10,000
		(貸倒引当金繰入)	57		6,000
		(減価償却費)	58		20,000
	〃	(損益)	100	29,500	
		(法人税,住民税及び事業税)	60		29,500
	〃	(損益)	100	67,000	
		(繰越利益剰余金)	32		67,000
				1,421,000	1,421,000

④ 収益・費用勘定および損益勘定を締切る

元　帳（損益勘定，収益および費用勘定，資本勘定）

損　　益　　100

×2年 月	日	摘要	仕丁	借方	×2年 月	日	摘要	仕丁	貸方
3	31	仕入	3	435,000	3	31	売上	3	710,000
	〃	支払保険料	〃	16,000		〃	雑益	〃	500
	〃	租税公課	〃	12,000					
	〃	給料	〃	90,000					
	〃	広告費	〃	25,000					
	〃	支払利息	〃	10,000					
	〃	貸倒引当金繰入	〃	6,000					
	〃	減価償却費	〃	20,000					
	〃	法人税,住民税及び事業税	〃	29,500					
	〃	繰越利益剰余金	〃	67,000					
				710,500					710,500

売　　上　　41

月	日	摘要	仕丁	借方	月	日	摘要	仕丁	貸方
3	1	売掛金	1	30,000	2	28	残高	✓	540,000
	31	損益	3	710,000	3	10	諸口	1	200,000
				740,000					740,000

雑　　益　　44

月	日	摘要	仕丁	借方	月	日	摘要	仕丁	貸方
3	31	損益	3	500	3	31	現金過不足	2	500

仕　　入　　51

月	日	摘要	仕丁	借方	月	日	摘要	仕丁	貸方
2	28	残高	✓	330,000	3	4	買掛金	1	20,000
3	1	買掛金	1	110,000		31	繰越商品	2	40,000
	31	繰越商品	2	55,000		〃	損益	3	435,000
				495,000					495,000

支払保険料　　52

月	日	摘要	仕丁	借方	月	日	摘要	仕丁	貸方
2	28	残高		36,000	3	31	前払保険料	2	20,000
						〃	損益	3	16,000
				36,000					36,000
4	1	前払保険料	4	20,000					

租税公課　　53

月	日	摘要	仕丁	借方	月	日	摘要	仕丁	貸方
3	2	現金	1	15,000	3	31	貯蔵品	2	3,000
						〃	損益	3	12,000
				15,000					15,000
4	1	貯蔵品	4	3,000					

給　　料　54

×2年 月	日	摘要	仕丁	借方	×2年 月	日	摘要	仕丁	貸方
3	25	現金	1	90,000	3	31	損益	3	90,000

広告費　55

×2年 月	日	摘要	仕丁	借方	×2年 月	日	摘要	仕丁	貸方
3	28	当座預金	1	25,000	3	31	損益	3	25,000

支払利息　56

×2年 月	日	摘要	仕丁	借方	×2年 月	日	摘要	仕丁	貸方
3	31	未払利息	3	10,000	3	31	損益	3	10,000

貸倒引当金繰入　57

×2年 月	日	摘要	仕丁	借方	×2年 月	日	摘要	仕丁	貸方
3	31	貸倒引当金	2	6,000	3	31	損益	3	6,000

減価償却費　58

×2年 月	日	摘要	仕丁	借方	×2年 月	日	摘要	仕丁	貸方
3	31	減価償却累計額	2	20,000	3	31	損益	3	20,000

繰越利益剰余金　32

×2年 月	日	摘要	仕丁	借方	×2年 月	日	摘要	仕丁	貸方
					2	28	残高	✓	10,000
					3	31	損益	3	67,000

⑤　資産，負債および純資産勘定を締切る

現　　金　1

×2年 月	日	摘要	仕丁	借方	×2年 月	日	摘要	仕丁	貸方
2	28	残高	✓	278,300	3	1	現金過不足	1	500
3	20	売掛金	1	80,000		2	租税公課	1	15,000
	25	現金過不足	1	1,000		25	給料	1	90,000
						31	**次期繰越**	✓	**253,800**
				359,300					359,300
4	1	前期繰越	✓	253,800					

現金過不足　2

×2年 月	日	摘要	仕丁	借方	×2年 月	日	摘要	仕丁	貸方
3	1	現金	1	500	3	25	現金	1	1,000
	31	雑益	2	500					
				1,000					1,000

当座預金　3

×2年 月	日	摘要	仕丁	借方	×2年 月	日	摘要	仕丁	貸方
2	28	残高		144,000	3	28	広告費	1	25,000
						31	**次期繰越**	✓	**119,000**
				144,000					144,000
4	1	前期繰越	✓	119,000					

受取手形　4

月	日	摘要	仕丁	借方	月	日	摘要	仕丁	貸方
3	10	売上	1	100,000	**3**	**31**	**次期繰越**	✓	**100,000**
4	1	前期繰越	✓	100,000					

電子記録債権　5

月	日	摘要	仕丁	借方	月	日	摘要	仕丁	貸方
2	28	残高		200,000	2	28	残高		100,000
					3	**31**	**次期繰越**	✓	**100,000**
				200,000					200,000
4	1	前期繰越	✓	100,000					

売掛金　6

月	日	摘要	仕丁	借方	月	日	摘要	仕丁	貸方
2	28	残高	✓	120,000	3	10	売上	1	30,000
3	10	売上	1	100,000		20	現金	〃	80,000
						31	**次期繰越**	✓	**110,000**
				220,000					220,000
4	1	前期繰越	✓	110,000					

貸倒引当金　7

月	日	摘要	仕丁	借方	月	日	摘要	仕丁	貸方
3	**31**	**次期繰越**	✓	**9,300**	2	28	残高	✓	3,300
					3	31	貸倒引当金繰入	2	6,000
				9,300					9,300
					4	1	前期繰越	✓	9,300

繰越商品　8

月	日	摘要	仕丁	借方	月	日	摘要	仕丁	貸方
2	28	残高	✓	55,000	3	31	仕入	2	55,000
3	31	仕入	2	40,000		**31**	**次期繰越**	✓	**40,000**
				95,000					95,000
4	1	前期繰越	✓	40,000					

備品　9

月	日	摘要	仕丁	借方	月	日	摘要	仕丁	貸方
2	28	残高	✓	200,000	**3**	**31**	**次期繰越**	✓	**200,000**
4	1	前期繰越	✓	200,000					

備品減価償却累計額　10

月	日	摘要	仕丁	借方	月	日	摘要	仕丁	貸方
3	**31**	**次期繰越**	✓	**40,000**	2	28	残高	✓	20,000
					3	31	減価償却費	2	20,000
				40,000					40,000
					4	1	前期繰越	✓	40,000

貯蔵品　11

×2年 月	日	摘要	仕丁	借方	×2年 月	日	摘要	仕丁	貸方
3	31	租税公課	2	3,000	**3**	**31**	**次期繰越**	✓	**3,000**
4	1	前期繰越	✓	3,000	4	1	租税公課	4	3,000

前払保険料　12

月	日	摘要	仕丁	借方	月	日	摘要	仕丁	貸方
3	31	支払保険料	2	20,000	**3**	**31**	**次期繰越**	✓	**20,000**
4	1	前期繰越	✓	20,000	4	1	支払保険料	4	20,000

電子記録債務　21

月	日	摘要	仕丁	借方	月	日	摘要	仕丁	貸方
2	28	仕入	1	20,000	2	28	残高	✓	120,000
3	**31**	**次期繰越**	✓	**100,000**					
				120,000					120,000
					4	1	前期繰越	✓	100,000

買掛金　22

月	日	摘要	仕丁	借方	月	日	摘要	仕丁	貸方
3	4	仕入	1	80,000	2	28	残高	✓	50,000
	31	**次期繰越**	✓	**80,000**	3	1	仕入	1	110,000
				160,000					160,000
					4	1	前期繰越	✓	80,000

借入金　23

月	日	摘要	仕丁	借方	月	日	摘要	仕丁	貸方
3	**31**	**次期繰越**	✓	**100,000**	2	28	残高	✓	100,000
					4	1	前期繰越	✓	100,000

未払利息　24

月	日	摘要	仕丁	借方	月	日	摘要	仕丁	貸方
3	**31**	**次期繰越**	✓	**10,000**	3	31	支払利息	2	10,000
4	1	支払利息	2	10,000	4	1	前期繰越	✓	10,000

資本金　31

月	日	摘要	仕丁	借方	月	日	摘要	仕丁	貸方
3	**31**	**次期繰越**	✓	**500,000**	2	28	残高	✓	500,000
					4	1	前期繰越	✓	500,000

⑥　繰越試算表の作成

繰　越　試　算　表

×2年3月31日

借　　方	元丁	勘　定　科　目	貸　　方
253,800	1	現　　　　金	
119,000	3	当　座　預　金	
100,000	4	受　取　手　形	
100,000	5	電子記録債権	
110,000	6	売　　掛　　金	
	7	貸　倒　引　当　金	9,300
40,000	8	繰　越　商　品	
200,000	9	備　　　　品	
	10	備品減価償却累計額	40,000
3,000	11	貯　　蔵　　品	
20,000	12	前　払　保　険　料	
	21	電子記録債務	100,000
	22	買　　掛　　金	80,000
	23	借　　入　　金	100,000
	24	未　払　利　息	10,000
	31	資　　本　　金	500,000
	32	繰越利益剰余金	77,000
945,800			945,800

⑦　貸借対照表・損益計算書の作成

貸　借　対　照　表

幕張商店　　　　×２年３月31日　　　　(単位：円)

資　産　の　部			負債および純資産の部	
Ⅰ　流動資産			Ⅰ　流動負債	
現　　金		253,800	電子記録債務	100,000
当 座 預 金		119,000	買 掛 金	80,000
受 取 手 形	100,000		未払費用	10,000
貸倒引当金	3,000	97,000	未払法人税等	29,500
電子記録債権	100,000		流動負債合計	219,500
貸倒引当金	3,000	97,000	Ⅱ　固定負債	
売　掛　金	110,000		借 入 金	100,000
貸倒引当金	3,300	106,700	負債合計	319,500
商　　品		40,000	Ⅰ　資 本 金	500,000
貯　蔵　品		3,000	繰越利益剰余金	77,000
前払保険料		20,000	純資産合計	577,000
流動資産合計		736,500		
Ⅱ　固定資産				
備　　品	200,000			
備品減価償却累計額	40,000	160,000		
資産合計		896,500	負債・純資産合計	896,500

損　益　計　算　書

幕張商店　　自×1年4月1日　至×2年3月31日　（単位：円）

Ⅰ　売　上　高		710,000
Ⅱ　売　上　原　価		
1　商品期首たな卸高	55,000	
2　当期商品仕入高	420,000	
合　計	475,000	
3　商品期末たな卸高	40,000	435,000
売 上 総 利 益		275,000
Ⅲ　販売費および一般管理費		
1　給　料	90,000	
2　広　告　費	25,000	
3　支 払 保 険 料	16,000	
4　減 価 償 却 費	20,000	
5　租 税 公 課	12,000	
6　貸倒引当金繰入	6,000	169,000
営 業 利 益		106,000
Ⅳ　営 業 外 収 益		
雑　収　入		500
Ⅴ　営 業 外 費 用		
支 払 利 息		10,000
法人税，住民税及び事業税		29,500
当 期 純 利 益		67,000

(2) 仕訳帳の締切り

仕訳帳は日常の取引の記入が終了したとき，言い換えれば，決算の直前にいったん貸借合計を計算して締切ります。この金額は，合計試算表の貸借合計額と一致します。さらに，決算仕訳が終了したときに，再び貸借合計額を計算して締切ります。なお，次期の最初の日付で仕訳帳の１行目に前期繰越高と記入し，繰越試算表の借方合計額と貸方合計額を記入しておきます。

さらに，決算整理のときに，収益や費用の前受け・前払いと未収・未払いの手続きを行った場合には，次期の最初の日付で再整理仕訳を行います。

仕訳帳　　4

×２年		摘要	元丁	借方	貸方
4	1	前期繰越高	✓	945,800	945,800
		(支払保険料)	52	20,000	
		(前払保険料)	12		20,000
		(未 払 利 息)	22	10,000	
		(支 払 利 息)	56		10,000
		(租 税 公 課)	53	3,000	
		(貯　蔵　品)	11		3,000

3．精算表

（1）精算表の意義

精算表とは，試算表の作成に始まって，貸借対照表と損益計算書の作成に至るまでの一連の手続きを１つの表にまとめたものです。精算表は帳簿を離れて作成されるという意味では正式な決算手続きとはいえません。しかし，帳簿で決算手続きを行う前に，精算表で貸借対照表と損益計算書の作成まで試験的に行えば，決算の概要を把握するのに役立ち，複雑な決算をスムースに進めることができるようになります。

（2）精算表の作成方法

今回作成する精算表には，横に残高試算表欄，整理記入欄，損益計算書欄，貸借対照表欄の４つがあり，それぞれに借方・貸方がありますので，８桁精算表と呼ばれます。

８桁精算表の作成手順は次のとおりです。

① 元帳の各勘定残高を残高試算表欄に記入して，合計額を算出して締切ります。

② 整理記入欄に決算整理仕訳を記入します。決算整理仕訳は仕訳帳に行われるのと同じ要領で行われますが，記入の仕方が通常とは異なります。

たとえば，現金過不足勘定の

3/31　（借）現金過不足　500　（貸）雑　益　500

という仕訳ですが，精算表では，この仕訳を「現金過不足」の行の整理記入欄の借方に￥500の金額を記入します。「雑益」の行の整理記入欄の貸方に￥500の金額を記入し，このとき，仕訳の組合せをわかりやすくするために，整理記入欄に記入した金額の頭に番号(①）を付しておきました。また，決算整理仕訳で新たに必要な勘定科目はそのつど勘定科目欄に加えていきます。

③　残高試算表欄の金額に，整理記入欄の金額を加減して各勘定科目の金額を計算し，資産，負債および純資産勘定の金額は貸借対照表欄に，収益および費用の各勘定の金額は損益計算書欄にそれぞれ記入します。

④　貸借対照表欄および損益計算書欄の借方金額と貸方金額をそれぞれ合計し，貸借差額を**当期純利益**または**当期純損失**として合計額の少ないほうに記入します。このとき，損益法で計算した純損益と財産法で計算した純損益とを照合することができるわけです。当期純利益とその金額は，損益計算書欄では借方に赤字記入し，貸借対照表欄では貸方に記入します。当期純損失の場合はこの逆になります。

⑤　損益計算書欄および貸借対照表欄の借方と貸方をそれぞれ合計し，一致していることを確認して精算表を締切ります。

幕張商店のデータと棚卸表によって８桁精算表を作成すると次ページのようになります。

精　算　表

（単位：円）

勘定科目	残高試算表		整理記入		損益計算書		貸借対照表	
	借　方	貸　方	借　方	貸　方	借　方	貸　方	借　方	貸　方
現　　金	253,800						253,800	
現金過不足		500	①　500					
当座預金	119,000						119,000	
受取手形	100,000						100,000	
電子記録債権	100,000						100,000	
売　掛　金	110,000						110,000	
貸倒引当金		3,300		③　6,000				9,300
繰越商品	55,000		② 40,000	② 55,000			40,000	
備　　品	200,000						200,000	
備品減価償却累計額		20,000		⑤ 20,000				40,000
電子記録債務		100,000						100,000
買　掛　金		80,000						80,000
借　入　金		100,000						100,000
資　本　金		500,000						500,000
繰越利益剰余金		10,000						10,000
売　　上		710,000				710,000		
仕　　入	420,000		② 55,000	② 40,000	435,000			
支払保険料	36,000			⑥ 20,000	16,000			
租税公課	15,000			④　3,000	12,000			
給　　料	90,000				90,000			
広　告　費	25,000				25,000			
	1,523,800	1,523,800						
雑　　益				①　500		500		
貸倒引当金繰入			③　6,000		6,000			
貯　蔵　品			④　3,000				3,000	
減価償却費			⑤ 20,000		20,000			
前払保険料			⑥ 20,000				20,000	
支払利息			⑦ 10,000		10,000			
未払利息				⑦ 10,000				10,000
法人税，住民税及び事業税			⑧ 29,500		29,500			
未払法人税等				⑧ 29,500				29,500
当期純利益					**67,000**			67,000
			184,000	184,000	710,500	710,500	945,800	945,800

【第14章　練習問題】

9月30日における東京商店の期末決算整理事項は以下のとおりである。精算表を完成させなさい。

(1)　現金過不足の原因が判明しなかったので雑損として処理することとした。

(2)　期末商品棚卸高は¥40,000である。

(3)　期末売上債権（受取手形と売掛金残高）に対し3％の貸倒れを見積もる（差額補充法）。

(4)　備品に対して，耐用年数を10年として定額法により減価償却を行う。

(5)　収入印紙の未使用高が¥3,000ある。

(6)　支払地代の前払い分が¥60,000ある。

精　算　表

勘定科目	残高試算表		整理記入		損益計算書		貸借対照表	
	借　方	貸　方	借　方	貸　方	借　方	貸　方	借　方	貸　方
現　　金	41,000							
当座預金	65,000							
受取手形	100,000							
売 掛 金	120,000							
繰越商品	55,000							
備　　品	120,000							
有価証券	330,000							
貸倒引当金		3,000						
備品減価償却累計額		12,000						
現金過不足	3,000							
買 掛 金		140,000						
資 本 金		680,000						
売　　上		778,000						
仕　　入	420,000							
支払地代	240,000							
租税公課	14,000							
給　　料	80,000							
広 告 費	25,000							
	1,613,000	1,613,000						

15 帳簿組織

齋藤正章

《目標＆ポイント》 帳簿システムの意義について理解し，補助記入帳，補助元帳，伝票会計について学習しましょう。
《キーワード》 仕訳帳，元帳，補助記入帳，補助元帳，伝票会計

1．帳簿システムの意義

14章の一連の決算手続きによって貸借対照表と損益計算書といった財務諸表が作成されました。企業の会計には，こうした財務諸表を外部の利害関係者に報告する社会的な任務が課せられています。それゆえに取引の記録に際しては，①記録の検証性，②網羅性，③秩序性が特に重視されることになります。すなわち，①取引が真実であることを立証する物品受領書や領収書といった証拠書類（これを**証憑**といいます）に基づく記録がなされていること，②記録に漏れがないこと，③体系的に秩序正しい記録がなされていることが常に要請されています。

こうした要請に応える基本的な記録システムとして会計慣行上用いられてきたのが，これまで学習してきた仕訳帳と元帳を用いた帳簿会計です。この帳簿組織を単一仕訳帳単一元帳制（図 15－1）と呼び，仕訳帳と元帳を合わせて**主要簿**といいます。

図 15－1　単一仕訳帳単一元帳制

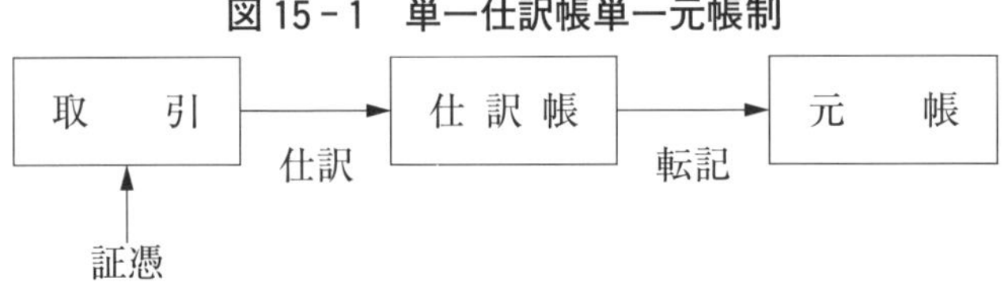

仕訳帳と元帳だけでも段階的かつ体系的に正確な記録を行うことができます。しかし，記録の正確性すなわち**内部牽制**を高めるために，あるいは経営上特に重要な科目に対する有効な管理を可能とするために，主要簿の記録を補足ないし個別的に記録する**補助簿**が活用されます。補助簿はさらに，**補助記入帳**と**補助元帳**に分類されますが，主要簿との関係でいうと，補助記入帳は仕訳帳，補助元帳は元帳とそれぞれ関係しています（図15－2）。

図15－2　主要簿と補助簿の関係

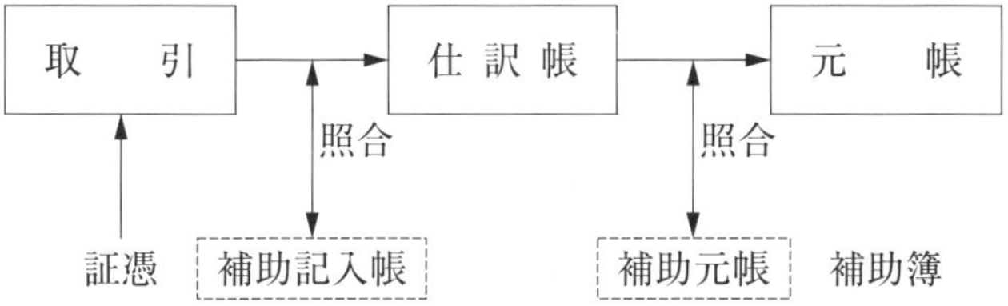

取　引 → 仕訳帳 → 元　帳

照合　照合

証憑　補助記入帳　補助元帳　補助簿

一般には，元帳と補助簿の記録は複数の部署に担当させて，記帳を分業化し，それぞれの記録を定期的に照合して内部牽制を図り，補助簿の記録を分析することによって各部署の管理に役立てます。

補助記入帳と補助元帳には，図15－3に示すような種類があります。

図15－3　帳簿の種類

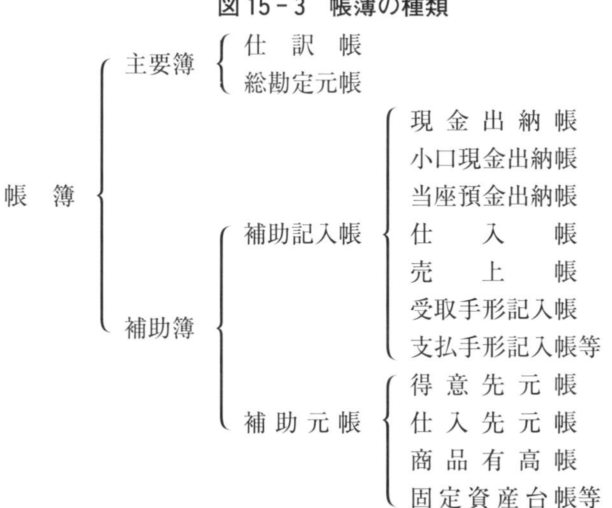

どのような帳簿を設け，これらをどのように有機的に関連づけるか，つまり，どのような帳簿組織を構成するかは企業の規模や業種などを考慮して決められます。その際に留意される点としては，①記帳の手間をできるだけ簡略化できるようにすること，②記帳業務の分業化ができるようにすること，③相互に牽制する制度を採用して誤りや不正を内部的に防止できるようにすることが主にあげられます。帳簿組織は，これらの条件を満たしながら，各帳簿間が密接に関連し，全体として統一性を保ちながら有効に機能するように組織化される必要があります。

2．補助記入帳

補助記入帳とは，主要簿の記録を補うために，重要な取引や勘定を，取引の発生順に詳細に記録するために設ける帳簿です。取引を主要簿よりも迅速かつ詳細に記録して，各取引に対する会計管理に役立てることに目的があります。

①　現金出納帳

元帳の現金勘定の内訳明細を記入する補助簿が**現金出納帳**です。現金出納帳の一般的な様式を示すと図 15－4 のようになります。

図 15－4　現金出納帳

現　金　出　納　帳

日付		摘　　要	収　入	支　出	残　高

なお，現金出納帳は，借方（収入面）と貸方（支出面）をそれぞれ 1 冊ずつに分割し，**現金収入帳**と**現金支払帳**となることがあります。

②　小口現金出納帳

日常生じる少額の現金（これを**小口現金**といいます）の収支の内訳明細を記録する補助簿を小口現金出納帳といいます。一般に，企業では，現金の保管や出納中の紛失または盗難防止のために，できるだけ現金の手持ちを少なくする方法がとられています。通常，定期的な支払いや多額の支払いには当座預金を用い，それ以外の日常的で小額な支払いには小口現金制度を採用しています。

図 15－5　小口現金出納帳

小 口 現 金 出 納 帳

収　入	日付		摘　　要	支　出	内　訳			
					交通費	通信費	消耗品費	雑費

一般に小口現金の保管と出納は用度係または小払資金係といった部署があたり，小口現金は会計係から支給されます。会計係から用度係への資金の支給方法には定額資金前渡法（**インプレスト・システム**）と不定額資金前渡法（随時補給法）とがあります。

定額資金前渡法とは，①会計係がある一定期間（月または週）の初めに支払予定額を決め，同額の小切手を用度係に前渡ししておき，②用度係は小口現金の支払いをすべて小口現金出納帳に記入し，③会計係は期末に用度係から当該期間の支払明細の報告を受けて，それを元帳の諸勘定に記入するとともに，使用額分の小切手を作成して用度係に支給する方法をいいます。

不定額資金前渡法とは，用度係は資金がなくなるとそのつど会計係に請求し，資金を補充していく方法をいいます。両方法を比較すると，定額資金前渡法のほうが小口現金の純粋残高が明確であること，用度係が資金の使用について超過管理を有効に行えるといった点で優れています。

③　当座預金出納帳

元帳の当座預金取引の内訳明細を記入する補助簿が**当座預金出納帳**です。当座預金出納帳の一般的な様式を示すと次のようになります。

図 15－6　当座預金出納帳

当 座 預 金 出 納 帳

日付		摘　　要	小切手No.	預　入	引　出	貸/借	残　高

④　仕入帳

元帳の仕入取引の内訳明細を記入する補助簿が**仕入帳**です。仕入勘定には，日付，相手勘定科目，金額が記入されるだけで，仕入先，商品名，単価，数量，支払条件などが記録されません。そこで，仕入商品に関する詳細な記録を行う補助簿として仕入帳が用いられます。

仕入帳の一般的な様式を示すと次のようになります。

図 15－7　仕入帳

仕　　入　　帳

日付		摘　　要	内　訳	金　額

なお，仕入に要した引取費等の費用は仕入原価に含められるので，仕入帳の摘要欄および内訳欄に記入します。また，仕入値引や仕入戻し高は，赤字で記入します。帳簿を締切るときには，まず，黒字で記入された**総仕入高**を計算し，次の行に仕入値引・仕入戻し高を朱記してそれを差引き，**純仕入高**を計算します。したがって，仕入帳の総仕入高は元帳の仕入勘定の借方合計額と一致し，純仕入高は仕入勘定の借方残高と一致することになります。

⑤　売上帳

元帳の売上取引の内訳明細を記入する補助簿が**売上帳**です。売上帳の記入方法は，仕入帳に準じますが，発送費等の販売費は，売上と別に計上するので，売上帳に記入してはなりません。仕入帳における引取費とは違う点に注意しましょう。なお，売上値引，売上戻り高は，仕入値引，仕入戻し高と同様に赤字で記入します。帳簿を締切るときには，まず，黒字で記入された**総売上高**を計算し，次の行に売上値引・売上戻し高を朱記してそれを差引き，**純売上高**を計算します。したがって，売上帳の総売上高は元帳の売上勘定の貸方合計額と一致し，純売上高は売上勘定の貸方残高と一致することになります。

⑥　受取手形記入帳

元帳の受取手形取引の内訳明細を記入する補助簿が**受取手形記入帳**です。受取手形勘定には，手形債権の増加と減少に関する日付，相手科目，金額が記録されます。さらにその手形債権の詳細な資料を明記する補助簿として受取手形記入帳が設けられます。なお，手形債権の消滅（てん末）は，てん末欄に記入されます。

受取手形記入帳の一般的な様式を示すと次のようになります。

図15－8　受取手形記入帳

受取手形記入帳

日付	摘　要	金　額	手形種類	手形番号	支払人	振出人または裏書人	振出日	満期日	支払場所	てん末	
							日付	日付		日付	摘要

なお，手形管理の面から，受取手形記入帳を満期日の近い手形の順に記録しなおした**受取手形期日帳**が設けられる場合もあります。

⑦　支払手形記入帳

元帳の支払手形取引の内訳明細を記入する補助簿が**支払手形記入帳**です。支払手形記入帳には，手形債務の発生とてん末の詳細な資料が記録されます。その様式および記入方法は受取手形記入帳に準じます。ただし，受取手形記入帳の「支払人」と「振出人または裏書人」の欄が，支払手形記入帳では，「受取人」と「振出人」欄になっている点に注意しましょう。

図 15－9　支払手形記入帳

支 払 手 形 記 入 帳

日付	摘要	金額	手形種類	手形番号	受取人	振出人	振出日	満期日	支払場所	てん末	
							日付	日付		日付	摘要

3. 補助元帳

営業上，特に重要と思われる勘定科目の元帳記録をさらに個別的に詳細に記録しようとする場合，元帳に必要な数だけ勘定口座を設けることができます。たとえば，売掛金勘定の記録を得意先別の明細がわかるようにしようとする場合には，得意先別の勘定口座を設けることができます。しかし，その数が多くなると元帳が煩雑かつ膨大になり，記帳処理の点からも，また損益計算書や貸借対照表といった財務諸表の基礎資料を提供するという元帳の機能の点からも望ましいとはいえなくなります。そこで，元帳には総括的な記録を行う売掛金勘定の勘定口座のみを設け（これを**統括勘定**または**統制勘定**といいます），より詳細な個別的記録は別の帳簿にそれぞれ必要な数の記録場所を設けて行うほうが元帳管理の面から有効となります。

こうした元帳の存在する勘定科目について，個別的な記録をする帳簿を補助元帳といいます。補助元帳の個別的な口座記録の合計額は，元帳における当該勘定科目の合計額に一致しなくてはなりません。したがって，後日，両者を照合することによって，元帳における勘定記入の正否が確認できることになります。

①　得意先元帳（売掛金元帳）

売掛金勘定の記入だけでは，得意先ごとの売掛金の増減や残高はわかりません。そこで，得意先ごとの売掛金の明細を記録するために補助簿を設けます。これを**得意先元帳**（または売掛金元帳）といいます。この帳簿には，各得意先の氏名や商店名を勘定科目とする**人名勘定**を設け，得意先ごとの売掛金の明細や増減を記録します。

②　仕入先元帳（買掛金元帳）

仕入先ごとに買掛代金の明細を記入する補助元帳で，口座の設定および記入方法などは得意先元帳に準じます。なお，買掛金についても，売掛金と同様に買掛金明細表を作成することがあります。

③　固定資産台帳

固定資産に属する勘定科目には，建物，備品，車両運搬具，土地などがあります。これらは，元帳の勘定記録だけでは資産管理のためや固定資産税等の計算のための必要事項が不明瞭となってしまいます。そこで，勘定記録のほかに個々の詳細な事項を明記しておく必要があります。こうした固定資産に属する勘定科目の個別的な詳細事項を記載する補助元帳を**固定資産台帳**といいます。固定資産台帳としては，備品台帳，建物台帳，土地台帳などがあげられます。

以上，補助元帳について代表的なものを説明しましたが，このほかにも有価証券元帳や営業費内訳帳など，各企業の経営特性に応じた補助元帳が作成されます。

4．伝票会計

（1）伝票会計の意義

取引数が増大するにつれて，すべての取引を1冊の仕訳帳へその発生順に従って記録する単一仕訳帳制では，仕訳および元帳への転記が大変であり，記帳業務全体が停滞するおそれがあります。そこで，取引数の多い企業では，記帳業務の迅速化と省力化を図るために，元帳勘定の発生順記録を行う補助記入帳に，仕訳帳の分割的機能を担わせる分割仕訳帳制や，一筆で複数枚の複写を行うことができる**伝票**を目的や科目別に綴り合わせて仕訳帳，元帳，補助簿として代用し，転記回数や記入ミスを減少させる**伝票制**が用いられます。

ここではこの伝票制について説明しましょう。

伝票とは，取引内容を関係する部署に簡潔に伝達するための紙片のことをいいます。伝票を発生順ないし科目別に集めて，仕訳帳や元帳の変わりとして利用するのが伝票会計で，記帳事務の効率化を目指して行われます。一般に用いられる伝票形式には，すべての取引に同じ形式の伝票を用いる**単一伝票式**と，取引の種類ごとに異なる形式の伝票を用いる**複数伝票式**があります（図15－10）。

図15－10　伝票会計の種類

伝票会計
- 単一伝票式……………………仕訳伝票
- 複数伝票式〈3伝票式〉……入金，出金，振替の各伝票
  - 〈5伝票式〉……入金，出金，売上，仕入，振替の各伝票

(2) 単一伝票式―仕訳伝票

仕訳伝票は，1取引に1枚作成します。この伝票を作成する作業のことを**起票**といいます。この伝票から総勘定元帳へ転記したり，補助簿へ記入します。また，仕訳伝票を起票順に綴り合わせると仕訳帳の役割を果たします。なお，複写式の仕訳伝票は3枚綴りとなっていて，1枚目が取引記録（仕訳），2枚目が借方記録，3枚目が貸方記録となっています。

図15－11　仕訳伝票

仕　訳　伝　票

No.　　　　令和　年　月　日

主任印		記帳印		係印	

勘定科目	元丁	借　方	勘定科目	元丁	貸　方
合　計			合　計		
摘　要					

(3) 3伝票式―入金伝票，出金伝票，振替伝票

3伝票式は，第3章で説明した会計取引を現金取引とそれ以外の取引（振替取引）に分類して記録する方法です。また，伝票記録をどう活用するかによって，複写の枚数は異なりますが，一般には仕訳伝票と同様に3枚綴りとなっています。ここでは3伝票式における各伝票への記入方法を簡単に説明しましょう。

①　入金伝票

入金伝票では，入金取引の仕訳が常に借方に現金勘定，貸方に相手勘定科目がくるので，科目欄には貸方科目を記入します。入金先欄には取引先名が入ります。No. 欄には当該伝票の通し番号を記入します。

図 15－12　入金伝票（略式）

<table>
<tr><td colspan="5">入 金 伝 票
令和×年×月×日　　No.××</td></tr>
<tr><td>科目</td><td>売掛金</td><td>入金先</td><td colspan="2">○○商店</td></tr>
<tr><td colspan="3">摘　　要</td><td colspan="2">金　　額</td></tr>
<tr><td colspan="3">○月○日分の回収</td><td colspan="2">100,000</td></tr>
<tr><td colspan="3"></td><td colspan="2"></td></tr>
<tr><td colspan="3"></td><td colspan="2"></td></tr>
<tr><td colspan="3">合　　計</td><td colspan="2">100,000</td></tr>
</table>

②　出金伝票

出金伝票では，入金伝票とは逆に貸方が現金勘定となるので，科目欄に借方科目が記入されます。支払先欄には取引先名が入ります。

図 15－13　出金伝票（略式）

<table>
<tr><td colspan="5">出 金 伝 票
令和×年×月×日　　No.××</td></tr>
<tr><td>科目</td><td>買掛金</td><td>支払先</td><td colspan="2">○○商店</td></tr>
<tr><td colspan="3">摘　　要</td><td colspan="2">金　　額</td></tr>
<tr><td colspan="3">○月○日分の支払</td><td colspan="2">200,000</td></tr>
<tr><td colspan="3"></td><td colspan="2"></td></tr>
<tr><td colspan="3"></td><td colspan="2"></td></tr>
<tr><td colspan="3">合　　計</td><td colspan="2">200,000</td></tr>
</table>

③　振替伝票

入金伝票および出金伝票に記入されなかった取引，すなわち現金の入出金を伴わない振替取引を記入するために振替伝票が用いられます。

図 15－14　振替伝票（略式）

振替伝票 令和×年×月×日　　No.××			
勘定科目	金額	勘定科目	金額
仕　　入	300,000	買　掛　金	300,000

なお，取引のなかには現金取引とそれ以外の取引が含まれている場合があります。その場合には，現金取引とそれ以外の取引を分けて起票するのが一般的でしょう。しかし，この方法は実務上，不便なので，いったん全額を現金取引以外の取引として振替伝票に記入し，次いで入金または出金があったものと仮定して入金伝票にまたは出金伝票に記入する方法がとられる場合があります。

たとえば，以下のような取引です。

「千葉商店に商品￥400,000を売渡し，代金のうち￥180,000は現金で受取り，残額は掛とした。」

一般的には次のように考えて仕訳（起票）するでしょう。

（借）	現　金	180,000	（貸）	売　上	180,000	（入金伝票）
	売掛金	220,000		売　上	220,000	（振替伝票）

ところが，実務では次のように仕訳（起票）します。

（借）	売掛金	400,000	（貸）	売　上	400,000
	現　金	180,000		売掛金	180,000

この方法をとると，売上情報を１枚の伝票で把握することができます。

(4) 集計表（日計表）

3枚複写の伝票の2枚目と3枚目は，各勘定別に整理され，それを綴り合わせて元帳における勘定記録として代用します。しかし，取引の多い企業では，次に示すような**伝票集計表**や**仕訳集計表**を用いて，一定期間（1日，1週間，10日間など）ごとに各勘定の貸借それぞれの合計を計算します。そして，その金額を元帳に合計転記したり，あるいは各勘定科目の借方と貸方金額をさらに集計する集計表（1日の場合は日計表といいます）を作成します。集計表の各勘定残高を次の集計表に繰越していくことで，集計表を総勘定元帳として代用することができます。

図15－15　伝票集計表

No.　　　　伝　票　集　計　表　　　　伝票番号No.　　～No.

貸方または借方　　　　令和　年　月　日

科　目 元丁(　　)	振　替		現　金		合　計		摘　要
	枚数	金　額	枚数	金　額	枚数	金　額	

図15－16　仕訳集計表

仕　訳　集　計　表

令和　年　月　日

借　方	元丁	枚数	勘　定　科　目	枚数	貸　方

図 15－17　集計表（日計表）

集　計　表（日　計　表）

令和　年　月　日

借方残高	借方合計	勘定科目	貸方合計	貸方残高

また，集計表を継続して作成していけば，決算時に試算表を作成する必要がなくなります。伝票会計の流れを図示すると次の図 15－18 のようになります。

図 15－18　伝票会計の流れ

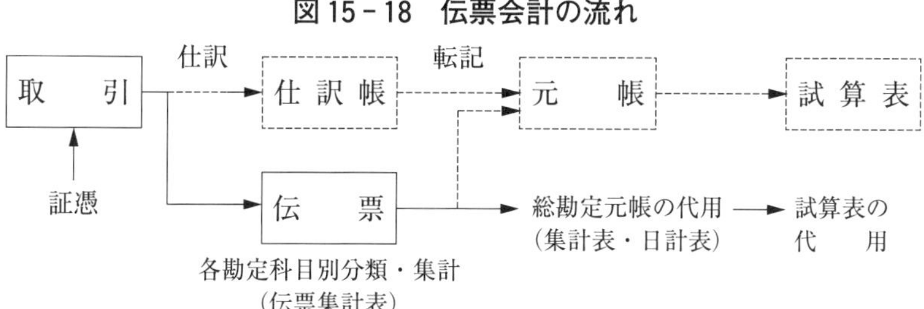

【第15章　練習問題】

当社は３伝票制を採用している。次の取引はどの伝票にどのように記入されるか示しなさい。

(1)　商品¥30,000を販売し，代金のうち¥12,000は現金で受取り，残額は掛にした。

(2)　商品¥25,000を購入し，代金のうち¥10,000は現金で支払い，残額は掛にした。

(1)

伝票の種類	借 方 科 目	金　　額	貸 方 科 目	金　　額
(　　)伝票				
(　　)伝票				

(2)

伝票の種類	借 方 科 目	金　　額	貸 方 科 目	金　　額
(　　)伝票				
(　　)伝票				

練習問題解答

【第１章　解答】

省略

【第２章　解答】

［問１］

1	e	2	m	3	k	4	d	5	j
6	g	7	a	8	i	9	f	10	h

［問２］

問１	A	10,200円
問２	B	12,100円

※ p.25の（２－２）式と p.26の（２－４）式，（２－５）式を使用する。

【第３章　解答】

仕　訳　帳　　　1

日付		摘　　　要		元丁	借　　方	貸　　方
11	1	（現　　金）		1	4,500,000	
			（資　本　金）	7		4,500,000
		輸入雑貨の小売業を開業				
	3	（現　　金）		1	1,500,000	
			（借　入　金）	6		1,500,000
		千代田銀行から借入れ				
	4	（建　　物）		4	2,000,000	
			（現　　金）	1		2,000,000
		中古の建物を購入				
	5	（商　　品）		3	3,500,000	
			（買　掛　金）	5		3,500,000
		A商品1,000個（@￥3,500）を掛仕入				
	10	（売　掛　金）	諸　　口	2	1,500,000	
			（商　　品）	3		1,050,000
			（商品売買益）	8		450,000
		A商品300個（@￥5,000）を掛販売				
		次ページへ繰越			13,000,000	13,000,000

仕訳帳　　2

日付		摘要	元丁	借方	貸方
		前ページより繰越		13,000,000	13,000,000
11	12	(買掛金)	5	2,500,000	
		(現金)	1		2,500,000
		買掛金の支払い			
	20	(現金)	1	1,000,000	
		(売掛金)	2		1,000,000
		売掛金の回収			
	25	諸口　　(現金)	1		260,000
		(光熱費)	9	60,000	
		(給料)	10	200,000	
		光熱費，給料の現金支払い			

元帳

現金　　1

日付		摘要	仕丁	借方	日付		摘要	仕丁	貸方
11	1	資本金	1	4,500,000	11	4	建物	1	3,000,000
	3	借入金	1	1,500,000		12	買掛金	2	2,500,000
	20	売掛金	2	1,000,000		25	諸口	2	260,000

売掛金　　2

日付		摘要	仕丁	借方	日付		摘要	仕丁	貸方
11	10	諸口	1	1,500,000	11	20	現金	2	1,000,000

商品　　3

日付		摘要	仕丁	借方	日付		摘要	仕丁	貸方
11	5	買掛金	1	3,500,000	11	10	売掛金	1	1,050,000

建　物　4

日	付	摘　要	仕丁	借　方	日	付	摘　要	仕丁	貸　方
11	4	現　金	1	2,000,000					

買掛金　5

日	付	摘　要	仕丁	借　方	日	付	摘　要	仕丁	貸　方
11	12	現　金	2	2,500,000	11	5	商　品	1	3,500,000

借入金　6

日	付	摘　要	仕丁	借　方	日	付	摘　要	仕丁	貸　方
					11	3	現　金	1	1,500,000

資本金　7

日	付	摘　要	仕丁	借　方	日	付	摘　要	仕丁	貸　方
					11	1	現　金	1	4,500,000

商品売買益　8

日	付	摘　要	仕丁	借　方	日	付	摘　要	仕丁	貸　方
					11	10	売掛金	1	450,000

光熱費　9

日	付	摘　要	仕丁	借　方	日	付	摘　要	仕丁	貸　方
11	25	現　金	2	60,000					

給　料　10

日	付	摘　要	仕丁	借　方	日	付	摘　要	仕丁	貸　方
11	25	現　金	2	200,000					

【第 4 章　解答】

現　　金

日付	摘要	金額	日付	摘要	金額
7/1	資本金	300,000	7/2	商　品	100,000
9	受取手数料	8,000	6	備　品	80,000
15	売掛金	150,000	10	広告費	7,000
			16	買掛金	120,000
			20	給　料	20,000
			30	支払家賃	15,000
			31	**次期繰越**	**116,000**
		458,000			458,000
8/1	前期繰越	116,000			

売　掛　金

日付	摘要	金額	日付	摘要	金額
7/5	諸　口	150,000	7/15	現　金	150,000
12	諸　口	90,000	**31**	**次期繰越**	**90,000**
		240,000			240,000
8/1	前期繰越	90,000			

商　　品

日付	摘要	金額	日付	摘要	金額
7/2	諸　口	200,000	7/5	売掛金	110,000
8	買掛金	100,000	12	売掛金	70,000
			31	**次期繰越**	**120,000**
		300,000			300,000
8/1	前期繰越	120,000			

備　　品

日付	摘要	金額	日付	摘要	金額
7/6	現　金	80,000	**7/31**	**次期繰越**	**80,000**
8/1	前期繰越	80,000			

買　掛　金

日付	摘要	金額	日付	摘要	金額
7/16	諸　口	120,000	7/2	商　品	100,000
31	**次期繰越**	**80,000**	8	商　品	100,000
		200,000			200,000
			8/1	前期繰越	80,000

資　本　金

日付	摘要	金額	日付	摘要	金額
7/31	**次期繰越**	**326,000**	7/1	現　金	300,000
			31	損　益	26,000
		326,000			326,000
			8/1	前期繰越	326,000

商品売買益

日付	摘要	金額	日付	摘要	金額
7/31	損　益	60,000	7/5	売掛金	40,000
			12	売掛金	20,000
		60,000			60,000

受取手数料

日付	摘要	金額	日付	摘要	金額
7/31	損　益	8,000	7/9	現　金	8,000

広　告　費

日付	摘要	金額	日付	摘要	金額
7/20	現　金	7,000	7/31	損　益	7,000

給　　料

日付	摘要	金額	日付	摘要	金額
7/6	現　金	20,000	7/31	損　益	20,000

支払家賃

日付	摘要	金額	日付	摘要	金額
7/30	現　金	15,000	7/31	損　益	15,000

損　　益

日付	摘要	金額	日付	摘要	金額
7/31	広告費	7,000	7/31	商品売買益	60,000
	給　料	20,000		受取手数料	8,000
	支払家賃	15,000			
	資本金	26,000			
		68,000			68,000

［問１］

日付	借方科目	金額	貸方科目	金額
7/31	商品売買益	60,000	損益	68,000
	受取手数料	8,000		
〃	損益	42,000	広告費	7,000
			給料	20,000
			支払家賃	15,000
〃	損益	26,000	資本金	26,000

［問２］

繰越試算表

7月31日

借方金額	勘定科目	貸方金額
116,000	現金	
90,000	売掛金	
120,000	商品	
80,000	備品	
	買掛金	80,000
	資本金	326,000
406,000		406,000

【第５章　解答】

日付	借方科目	金額	貸方科目	金額
5/1	当座預金	300,000	現金	300,000
3	商品	200,000	当座預金	200,000
5	現金	150,000	商品 商品売買益	100,000 50,000
10	支払家賃	80,000	当座預金	80,000
15	商品	100,000	現金 当座預金	50,000 50,000
20	当座預金	105,000	商品 商品売買益	70,000 35,000
25	当座預金	200,000	商品 商品売買益	130,000 70,000

【第６章　解答】

［問１］

日付	借方科目	金額	貸方科目	金額
(1)	商品	155,000	買掛金 当座預金	150,000 5,000
(2)	売掛金 発送費	200,000 8,000	商品 商品売買益 当座預金	150,000 50,000 8,000
(3)	商品	520,000	買掛金 現金	508,000 12,000
(4)	売掛金 立替金	300,000 10,000	商品 商品売買益 当座預金	225,000 75,000 10,000
(5)	買掛金	10,000	商品	10,000
(6)	商品 商品売買益	15,000 5,000	売掛金	20,000

［問２］

商品有高帳

先入先出法　　　　品名：高級トレーナー　　　　（単位：円）

令和×年		摘要	受入			引渡			残高		
			数量	単価	金額	数量	単価	金額	数量	単価	金額
6	1	前月繰越	20	6,000	120,000				20	6,000	120,000
	9	船橋商店	30	7,000	210,000				{ 20	6,000	120,000
									30	7,000	210,000
	12	高尾商店				{ 20	6,000	120,000			
						20	7,000	140,000	10	7,000	70,000
	20	市川商店	40	7,200	288,000				{ 10	7,000	70,000
									40	7,200	288,000
	25	鶴見商店				{ 10	7,000	70,000			
						20	7,200	144,000	20	7,200	144,000
	30	**次月繰越**				**20**	**7,200**	**144,000**			
			90		618,000	90		618,000			
7	1	前月繰越	20	7,200	144,000				20	7,200	144,000

売上原価の計算

期首商品棚卸高	¥	120,000
当期仕入高	¥	498,000
計		618,000
期末商品棚卸高	¥	144,000
売上原価	¥	474,000

売上総利益の計算

売上高	¥	645,000
売上原価	¥	474,000
売上総利益	¥	171,000

【第 7 章　解答】

日付	借方科目	金額	貸方科目	金額
6/4	仕入	360,000	買掛金	335,000
			当座預金	25,000
9	買掛金	10,000	仕入	10,000
13	売掛金	195,000	売上	180,000
			当座預金	15,000
16	売掛金	230,000	売上	230,000
	発送費	20,000	当座預金	20,000
24	売上	20,000	売掛金	20,000
30	仕入	145,000	繰越商品	145,000
	繰越商品	120,000	仕入	120,000
	損益	375,000	仕入	375,000
	売上	390,000	損益	390,000

繰越商品

日付	摘要	金額	日付	摘要	金額
6/1	前期繰越	145,000	6/30	仕入	145,000
30	仕入	120,000	〃	次期繰越	120,000
		265,000			265,000

売上

日付	摘要	金額	日付	摘要	金額
6/24	売掛金	20,000	6/13	売掛金	180,000
30	損益	390,000	16	売掛金	230,000
		410,000			410,000

仕入

日付	摘要	金額	日付	摘要	金額
6/4	諸口	360,000	6/9	買掛金	10,000
30	繰越商品	145,000	30	繰越商品	120,000
			〃	損益	375,000
		505,000			505,000

損益

日付	摘要	金額	日付	摘要	金額
6/30	仕入	375,000	6/30	売上	390,000

【第 8 章　解答】

日付	借　方　科　目	金　　額	貸　方　科　目	金　　額
12/ 1	仕　　　入	280,000	買掛金（静岡商店）	280,000
5	仕　　　入	120,000	当 座 預 金 買掛金（掛川商店）	45,000 75,000
9	売掛金（浜松商店）	160,000	売　　　上	160,000
15	売　　　上	10,000	売掛金（浜松商店）	10,000
18	現　　　金 売掛金（豊橋商店）	125,000 90,000	売　　　上	215,000
24	買掛金（静岡商店）	150,000	当 座 預 金	150,000
31	現　　　金	75,000	売掛金（浜松商店）	75,000

総 勘 定 元 帳

売　掛　金

日付	摘要	金額	日付	摘要	金額
12/9	売　上	160,000	12/15	売　上	10,000
18	売　上	90,000	31	現　金	75,000
			31	**次期繰越**	**165,000**
		250,000			250,000
1/1	前期繰越	165,000			

買　掛　金

日付	摘要	金額	日付	摘要	金額
12/24	当座預金	150,000	12/1	仕　入	280,000
31	**次期繰越**	**205,000**	5	仕　入	75,000
		355,000			355,000
			1/1	前期繰越	205,000

得 意 先 元 帳

浜 松 商 店

日付	摘要	金額	日付	摘要	金額
12/9	売　上	160,000	12/15	売　上	10,000
			31	現　金	75,000
			31	**次期繰越**	**75,000**
		160,000			160,000
1/1	前期繰越	75,000			

豊 橋 商 店

日付	摘要	金額	日付	摘要	金額
12/18	売　上	90,000	**12/31**	**次期繰越**	**90,000**
1/1	前期繰越	90,000			

仕入先元帳

静岡商店

12/24	当座預金	150,000	12/1	仕　入	280,000
31	**次期繰越**	**130,000**			
		280,000			280,000
			1/1	前期繰越	130,000

掛川商店

12/31	**次期繰越**	**75,000**	12/5	仕　入	75,000
			1/1	前期繰越	75,000

【第9章　解答】

日付	借方科目	金額	貸方科目	金額
12/5	仮払金	200,000	現金	200,000
12	未払金	200,000	当座預金	200,000
15	仕入	350,000	前払金 当座預金 当座借越	100,000 150,000 100,000
20	給料	750,000	現金 所得税預り金 従業員立替金	500,000 100,000 150,000
25	当座借越 当座預金	100,000 200,000	仮受金	300,000
27	旅費交通費 現金 仮受金	192,000 8,000 300,000	仮払金 売掛金	200,000 300,000

【第10章　解答】

【問1】

店名	日付	借方科目	金　額	貸方科目	金　額
池袋	(1)	仕　　入	800,000	支払手形	800,000
	(2)	支払手形	800,000	当座預金	800,000
駒込	(1)	受取手形	800,000	売　　上	800,000
	(2)	当座預金	800,000	受取手形	800,000

【問2】

店名	日付	借方科目	金　額	貸方科目	金　額
当店	(1)	電子記録債権	500,000	売　　上	500,000
	(2)	当座預金	500,000	電子記録債権	500,000
鴨川	(1)	仕　　入	500,000	電子記録債務	500,000
	(2)	電子記録債務	500,000	当座預金	500,000

【第11章　解答】

	借方科目	金　額	貸方科目	金　額
(1)	備　　品	550,000	当座預金 現　　金	500,000 50,000
(2)	減価償却費	110,000	備品減価償却累計額	110,000
(3)	備品減価償却累計額 未収金 固定資産売却損	135,000 160,000 105,000	備　　品	400,000

【第12章　解答】

日付	借方科目	金　額	貸方科目	金　額
(1)	当座預金	4,000,000	資本金	4,000,000
(2)	法人税，住民税及び事業税	60,000	未払法人税等	60,000
(3)	損益	60,000	法人税，住民税及び事業税	60,000
(4)	損益	140,000	繰越利益剰余金	140,000
(5)	未払法人税等	60,000	当座預金	60,000
(6)	繰越利益剰余金	88,000	未払配当金 利益準備金	80,000 8,000
(7)	未払配当金	80,000	普通預金	80,000

【第13章　解答】

日付	借方科目	金　額	貸方科目	金　額
5/1	支払家賃	168,000	当座預金	168,000
12/31	前払家賃	56,000	支払家賃	56,000
〃	損益	112,000	支払家賃	112,000
1/1	支払家賃	56,000	前払家賃	56,000

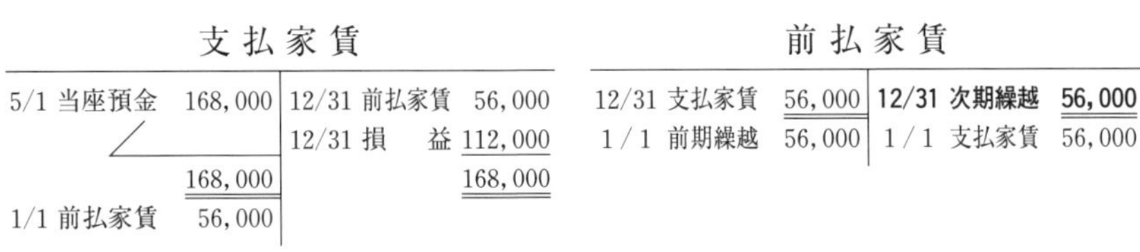

支払家賃

5/1 当座預金	168,000	12/31 前払家賃	56,000
		12/31 損　益	112,000
	168,000		168,000
1/1 前払家賃	56,000		

前払家賃

12/31 支払家賃	56,000	**12/31 次期繰越**	**56,000**
1/1 前期繰越	56,000	1/1 支払家賃	56,000

損　益

12/31 支払家賃	112,000		

【第14章　解答】

精　算　表

勘定科目	残高試算表		整理記入		損益計算書		貸借対照表	
	借　方	貸　方	借　方	貸　方	借　方	貸　方	借　方	貸　方
現　金	41,000						41,000	
当座預金	65,000						65,000	
受取手形	100,000						100,000	
売掛金	120,000						120,000	
繰越商品	55,000		40,000	55,000			40,000	
備　品	120,000						120,000	
有価証券	330,000						330,000	
貸倒引当金		3,000		3,600				6,600
備品減価償却累計額		12,000		12,000				24,000
現金過不足	3,000			3,000				
買掛金		140,000						140,000
資本金		680,000						680,000
売　上		778,000				778,000		
仕　入	420,000		55,000	40,000	435,000			
支払地代	240,000			60,000	180,000			
租税公課	14,000			3,000	11,000			
給　料	80,000				80,000			
広告費	25,000				25,000			
	1,613,000	1,613,000						
雑　損			3,000		3,000			
貸倒引当金繰入			3,600		3,600			
減価償却費			12,000		12,000			
貯蔵品			3,000				3,000	
前払地代			60,000				60,000	
			176,600	176,600				
当期純利益					**28,400**			28,400
					778,000	778,000	879,000	879,000

【第15章　解答】

(1)

伝票の種類	借 方 科 目	金　　額	貸 方 科 目	金　　額
(振替) 伝票	売 掛 金	30,000	売　　上	30,000
(入金) 伝票	現　　金	12,000	売 掛 金	12,000

(2)

伝票の種類	借 方 科 目	金　　額	貸 方 科 目	金　　額
(振替) 伝票	仕　　入	25,000	買 掛 金	25,000
(出金) 伝票	買 掛 金	10,000	現　　金	10,000

参考文献

簿記の入門書（教科書，問題集，参考書）はたくさんありますので，書店や図書館等で実際に手にとって自分に合ったものを選ぶようにするとよいと思います。

さらに，中級，上級の簿記を学習したい人には，『新・中級商業簿記』（片山覚監修，創成社）をお勧めします。

「まえがき」で述べた『ヴィルヘルム・マイステルの徒弟時代』（ゲーテ著，小宮豊隆訳，岩波文庫）は，『ヴィルヘルム・マイスターの修行時代』として，山崎章甫訳で2000年に同じく岩波文庫から現代語訳が発刊されています。そこでは，「まえがき」に引用した箇所は「複式簿記が商人にあたえてくれる利益は計り知れないほどだ。人間の精神が産んだ最高の発明の一つだね。立派な経営者は誰でも，経営に複式簿記を取り入れるべきなんだ」と訳されています。

また，第1章で紹介した中世のイタリア商人の日常に興味のある人には，『プラートの商人：中世イタリアの日常生活』（イリス・オリーゴ著，篠田綾子訳，白水社　1997年）をお勧めします。

また，『帳合之法』，『銀行簿記精法』も復刻版が出ておりますので，興味のある方は，図書館等で探してみるとよいでしょう。

索引

●配列は五十音順，*は人名，『　』は書名（戯曲）を示す。f.は次ページ，ff.は以下数ページを示す。

●さ　行

●ま　行

●や　行

●ら　行

著者紹介

齋藤　正章（さいとう・まさあき）

1967年　新潟県に生まれる
1990年　早稲田大学社会科学部卒業
1995年　早稲田大学大学院商学研究科博士課程単位取得退学
現在　放送大学准教授
専攻　会計学・管理会計
主な著書　管理会計（放送大学教育振興会）
現代の内部監査（共著　放送大学教育振興会）
株主価値を高めるEVA®経営　改訂版（共著　中央経済社）
社会のなかの会計（共著　放送大学教育振興会）
新・中級商業簿記（共著　創成社）他

放送大学教材　1539442-1-2211（ラジオ）

簿記入門

発　行　　2022 年 3 月 20 日　第 1 刷
　　　　　2023 年 8 月 20 日　第 2 刷
著　者　　齋藤正章
発行所　　一般財団法人　放送大学教育振興会
　　　　　〒 105-0001　東京都港区虎ノ門 1-14-1　郵政福祉琴平ビル
　　　　　電話　03（3502）2750

市販用は放送大学教材と同じ内容です。定価はカバーに表示してあります。
落丁本・乱丁本はお取り替えいたします。

Printed in Japan　ISBN978-4-595-32343-0　C1333